神田昌典
Masanori Kanda

The Forbidden Sales-Copywriting

禁断のセールスコピーライティング

フォレスト出版

——15年後のあなたから、今のあなたへのメッセージ——

あなたの年齢を、こっそりと、私に教えてほしい。

20代、30代、40代……それとも50代？

人よりも先に時代を感じている10代や、人生いよいよこれからと、情熱あふれる60代の方も、この本を手に取ってくれているかもしれない。

私は35歳。……いや、正確にいうならば、あなたがこれから対話することになる〝本書の原稿を書いた当時の私〟は、35歳だった。

この本が書店に並ぶ頃には、私は齢(よわい)50を目前にしているのだから、あなたがこれから学ぶことになる本書のノウハウは、驚くことに、なんと15年経っても陳腐化することがない。

考えみてほしい。

今どき、一度学べば、15年間も賞味期限があるスキルなんて、あるだろうか？

しかも、それは誰もが必要とする「収入に直結する」スキルである。

これほど重要なスキルなのに、本書で解説している「セールスコピーライティング」という分野は、残念ながら会社でも学校でも教えてくれない。

今までセールスライティングという言葉になじみのなかった人が、この分野に触れた時の最初の衝撃は、共通している。

「……こんな世界があったんだぁぁぁぁぁ！」

そして、この技術を身につけたとき、あなたの収入は、一生安泰だ。

なぜなら、会社でどんな部署に飛ばされようと、ほどなく顧客からの問い合わせがひっきりなしに入ってくるようになるし、会社を辞めて家に引きこもっていたとしても、世界があなたにつながってくるから。

私が、このライティング技術に出会ったのは、31歳の時だった。

当時、外資系の家電会社で、日本支社の立ち上げを行っていた。日本向けの商品がない中、なんとしても売上を立てなければならなかった。

「売上を3カ月以内で立てなければ、クビになる」

という過酷な状況下で、自分のキャリアに対して絶望しかかっていた時に、私が出会ったのが、この方法……つまり「言葉の力」を使って、自分に必要なリソース（ひと・モノ・かね）をすべて集められるようになる「書く技術」だったのだ。


この手法は、嘘ではなかった。

営業なんかやったこともない元役人の私が、数カ月後には大手企業との取引を次々と決めた。

また広告を出せば、面白いように高額商品への問い合わせが入るようになった。


子どもが生まれたばかりで、家族を養っていけるか不安でしかたがなかったこの時期に、セールスコピーライティングは、大げさではなく、私の人生を救ってくれた。


当時35歳の私は、その魅力を伝えようと夢中になった。

そして事業を成長させることに情熱的な経営者に、真剣勝負で書き続けたのが、この原稿だ。

それが15年の時を経て、ついにあなたに手渡されることになったのだが、この原稿は、今も完全に使えるような状態だ。

その本質は、郵便やチラシからインターネットへと、コミュニケーションの媒体が変わったとしても、まったく廃れることがない。

なぜならここで、私が伝えているのは……。
単なるハウツーではなく、
焼け野原に立っても、翌日から、
紙とペンだけで、立ち上がる力だからである。

セールスライティングを正しく学ぶと、売上を上げられるようになるばかりではなく、急速に人間性も向上し始める。

収入が増えることで、まず自分が満たされる。自分が満たされると、周りに役立とうとする。もちろん、さまざまな失敗や挫折も経験することになるのだが、その過程でエゴが矯正される。そして経験から見いだされた真の才能を、社会に提供したいと思い始める。

このように、セールスライティングにより人間性が向上していく理由は、自分を主語にするのではなく、〝相手を主語に〟考え続けなければならないからだ。

相手を主語にするとは、どういうことか？

「自分って、すごいだろ？」

「自分の商品って、素敵だろう？」

という自分を中心にする思考から脱して、

「あなたって、すごい」

「あなたの才能って、素敵」

と、相手を中心にする思考になることだ。


効果的なセールスコピーを書くためには、相手を深く理解しようと努め、相手の役に立てるように、自分が持っている経験と才能を掘り起こし、提供し続けなければならない。

この姿勢から1ミリでもずれた時、結果は上がらなくなってくる。

だから、セールスコピーを書くたびに、相手に対する思いやりが増していくことになるのだ。


相手を主語にした時、突然、世界が変わる。

これは嘘じゃない、本当だ。

「そんな簡単なことで、世界が変わるはずがない」
と、あなたは疑うかもしれないけれど、その証拠はある。

なぜなら、あなたは、まだ、この文字を目にしている。
そう、今この瞬間、あなたが、この文章を読み続けているという事実が、証拠だ。

どうしてあなたは、ここまで文章を読み続けているのか？

その答えを知りたいならば、ここで再び、冒頭の文章を読んでみよう。

「あなたの年齢を、こっそりと、私に教えてほしい」

ほら？　私は自分を売ることよりも、まず〝あなた〟を理解しようとしているでしょ？

この始まりの文章が、「私が本原稿を書いたのは、35歳の時」だったら、あなたはここまで読み続けただろうか？

「アンタの年齢なんて、知ったこっちゃないよ」
と、冒頭の時点で、あなたと私とのコミュニケーションは閉ざされ、永遠につながれる機会が失われてしまっただろう。

しかし、〝あなた〟を主語にしたとたん、あなたは、ここまで文章を読み続けてくれている。そして、私があなたに提供できるものを、少しずつ理解し始めてくれている。

これは小さな出来事のように見えて、実は、とてつもなく大きな出来事だ。

なぜなら、文章によりビジネスを成り立たせるためには、実際に購入する人々の、何千倍、何万倍もの人々へと、その文章は届けられなければならないから。

だから、ビジネスに関わる文章が、相手を深く理解しようとする思いやりのあるものに変わった時、ビジネスという手段を通じて人々の知識と経験が急速につながり、あなたが思い描く理想が一瞬にして、世界に出現する。

つまり、自分主語から相手主語への視点の切り替えは、世界が回り始めるかどうかの違いすら、生むのである。

初めに言葉ありき。
その本当の意味を知りたければ、躊躇(ちゅうちょ)せず、本書をめくり、実践せよ。

どんな文章でもいい。
仕事で使う、身近な一文から変えるのだ。
それは、あなたの人生を永遠に豊かにする扉を開く鍵になるだろう。

今は、大げさに聞こえるかもしれない。だが、これから十数年が経った時……未来のあなたは、
本当のことに気づくだろう。
この本に書かれている文字は、世界を変える魔法であったことを。

自分の才能と思いやりを持って、世界に、最高の魔法をかけたいあなたに、本書を捧(ささ)げます。

神田昌典

禁断のセールスコピーライティング――目次

――15年後のあなたから、今のあなたへのメッセージ―― …… 1

第1章 「禁断の法則」編

あなたのビジネスを深く理解しろ ～戦術レベルで業績をアップさせる法～ …… 24
商品、顧客、優位性を理解する6つの質問 …… 24
「ギャップ」が人を動かす …… 27
文章は情報を伝えるものではない ～お客に「さすが！」と思わせるためには～ …… 34

「あっ、分かってくれている」…… 34

世の中を変える1通の手紙　～動いてもらいたいように動いてもらう表現とは～ …… 39

儲かる会社と儲からない会社の違い …… 39

行動しないことのデメリットはあるか？ …… 44

実践会の基礎とは？　～仕組みを考えないでビジネスはできない～ …… 46

6つの〝基礎〟を知る …… 46

実践会の基礎その①　反応は配布部数で予測してはならない。1資料請求コストで予測する …… 47

実践会の基礎その②　シミュレーションをする前に、広告を出してはならない …… 51

実践会の基礎その③　サンプルは、使わせて初めて購買に結び付く …… 53

実践会の基礎その④　無意識レベルでは、肯定で終わる文章と、否定形で終わる文章を区別できない …… 55

実践会の基礎その⑤　抑え切れない欲求（ウォンツ）もしくは差し迫った必要性（ニーズ）がなければ、商品は売れない …… 57

実践会の基礎その⑥　圧倒的な証拠がなければ、お客はあなたの言うことを信用しない……59

商品を表現する際の心得　～「言ったモノ勝ち」の理由とは？～……61

右脳にスイッチを入れる！……61

あなたのライバルは、競合店ではない　～まずは自分の頭を使うことから始めよう～……66

売れないキャンペーンを売れるようにするには？……66

レターが営業を簡単にする！……71

封筒の開封率を高める、もっとも簡単な方法……75

社員は、ダイレクトメールの反応を悪いものにしたがる……79

反応を高める5つの原則　～DMの基本。なくてはならない要素のまとめ～……81

反応の高いDMとは？……81

1．対象客の明確化～道で呼びかけられたら振り返るかどうか～……81

2．最終行動にいたるまでの、全ステップを記載……82

3. 読み手に優越感を感じさせる、絞り込みのテクニック……84
4. 安心感を持たせるための自己プロフィールと肩書き……85
5. ダイレクトメールではなく、パッケージ……86

第2章 「禁断のDM」編

無料でお客に仕事をしてもらう方法

~数々のテクニック……あなたはいくつ分かるかな?~……96
■テクニック① 見出しで引きつけ、本文中に誘い込む……97
■テクニック② 文章の冒頭で、相手に対するメリットを伝える……100
■テクニック③ 相手の本当のニーズとウォンツを理解する……101
■テクニック④ すべての欠点は、長所である……102
■テクニック⑤ 視覚、聴覚、触覚を描写する……103

■テクニック⑥　商品に対する自信を確信させる保証の表現……103
■テクニック⑦　追伸で、緊急性を打ち出す……104
■テクニック⑧　贈った人ではなく、贈られた人の喜びの声……105
■テクニック⑨　お客さんに仕事をしてもらう……105
■テクニック⑩　DM裏面のコピー……107
■テクニック⑪　次に売るものを、即座に考える……108

読まれるDM・ゴミ箱直行のDM　～DMを面白くするコツ～……110
つまらないDMは、どんなお客も読まない……110
DMは長いほうがいいのか？　短いほうがいいのか？……115

DMで反応を得る〝必殺〟の公式（フレーズ）
～あなたのDMが「無視できない」ものになるために～……125
無差別DMで、10％強の反応を得る理由……125
「タイミングが合う」とは、どういうことか？……131

「たったの8時間で10億円」の手法　～DMで業界を変えられるかもしれない？～……133
〝ダサい業界〟は、強いのだ！……133
言葉は社会をも変えるのだ！（DMでもね）……136
成約率41％のDMは、何をしているか？　～〝スーパーDM〟の設計図を徹底解説！～……143
お客は「サンプル」なんて使わない？……143
スーパーDM、その11のポイント……147

第3章　「禁断のレター」編

ニュースレターは死んでも発行すべきだろう　～何を書けば効果的なのか？～……156
ニュースレターをめぐる誤解……156

ニュースレターの効能は、たくさんあるのだ　～さまざまな「効き目」を実感しよう～ …… 161
得られる効果は、1つだけじゃない！ …… 161
①お客の信頼が得られる …… 162
②自分のノウハウができる …… 164
③ニュースレターをまとめると、小冊子ができる …… 165
④優先的に、お客から声がかけられる …… 165
⑤紹介が得やすくなる …… 168
⑥商品について、お客を教育できるようになる …… 168
⑦「ここには自分の居場所がある」と、お客が感じるようになる …… 169
⑧キャンペーンを考える必要性に直面する …… 172

ニュースレターを使って〝短期間で〟ビジネスを安定させる法
～独立起業時に有効なテクニック～ …… 176
独立後90日で軌道に乗せる方法！ …… 176
1．信頼性のない会社が、信頼性を出す方法　その①消費者苦情センターの活用 …… 178

2. 信頼性のない会社が、信頼性を出す方法　その②社長が前面に出る……178
3. 売り込みの対象が明確……179
4. あなたの想像を超えた○○を提供します……180
5. 縁起ものの活用……180
6. まずは「いい人」を徹底する……181

ニュースレターをエンジンとする方法　〜どのビジネスにも通用する数々のアイデア〜……183
実践会ノウハウを実践する会社のニュースレター……183
1. マスコミに登場して無料で広告してもらい、しかも記者をファンにする……184
2. タイプ字と手書き文字の組み合わせ……186
3. 無料の特典でお客を信者化する方法……186
4. エモーショナルな写真……189
5. 有名人の活用〜第三者の信頼性を流用する法〜……189
6. お客様の声の大量掲載……192
7. 申込書で、もう一度、商品内容をダメ押し……192

8. ランキング掲載による、注文のしやすさ …… 193
9. キャンペーンで当たるという可能性を強調 …… 194
10. メディアを持つことによる他社との連動 …… 197
11. お客に仕事をさせる。みんなで投稿を強調 …… 197
12. ネーミングの秀逸さ …… 200
13. 売ったあとに何を売るのか考える。必ず考える …… 201

第4章 「禁断のセールス」編

「優秀な営業マン」とは、何か?
〜「お願い営業」と対極にある「高飛車セールス」のススメ〜 …… 206
お客の言いなりになると、信頼されない? …… 206
信頼される真実の瞬間とは? …… 210

見込客が少ないから、できない？……212

実践！　殿様バッタの営業　～「買うお客」を見きわめる技術とは？～……215
「いい人」と思われるセールスマンは、失格！……215
買う可能性の高いお客は、何人いるか？……218
買うお客を見きわめるセールストーク……220
見込み度の精度をさらに高める3つの質問……223
相手は「自信がある」と感じていた……226
トップセールスマンの極意、「集めて、切る」……229

短時間で、顧客との信頼関係を築く　～セールストークはここまでできるのだ！～……231
10分で築く信頼関係……231
セールストーク特訓の秘密の場所……237

第5章 「神田のセールスレター」編

高額な特別イベントへの集客
「バリツアー参加者募集ＤＭ」……240

「常識の崩壊」から「現実の再構成」へのシナリオ
コピーライティングセミナー……250

信頼関係をさらに深める、擬人法によるキャラクター設定
「アルマックねずみ」からの手紙……258

30億円以上を稼ぎ続けているＤＭ
「フォトリーディング」教材案内……266

CONTENTS

編集協力／中西謡
図版＆ＤＴＰ／新藤昇

本書は、1998年~2004年の間に毎月発行された、顧客獲得実践会（のちにダントツ企業実践会）向けの全ニュースレターの中から、著者・編集部により厳選したトピック、事例を掲載しています。

時系列はランダムであり、また文章も原則的に当時の著者の表現のままとしております。

2014年現在から見れば、事例的に古いものも見受けられますが、選ばれた内容はもちろん、現在でも効果絶大の〝禁断の〟テクニックです。

これらの点をご賢察いただき、当時の著者及び実践会の〝熱いバトル〟をお楽しみいただければ幸いです。

フォレスト出版編集部

第1章

「禁断の法則」編

「セールスライティング」は、あなたの会社、あなたのビジネスを
〝一発で〟変えてしまうほどの威力を持っている。
本章では、神田昌典の「結果を出すための文章術」の基本を紹介。
まずは「書く力」のすごさと、
それを手に入れるために忘れてはならない〝掟〟を知っておこう。

あなたのビジネスを深く理解しろ

～戦術レベルで業績をアップさせる法～

どんなメッセージを、どんな言葉を使って、どうやって書くか……。「セールスコピーライティング」は、業績アップに直結する最強の戦術である。ここでは、神田昌典の広告表現テクニックとして定番の「6つの質問」や「PASONAの法則」に基づいたライティング法を紹介する。

●商品、顧客、優位性を理解する6つの質問

ビジネスにおいて、もちろん「戦略」は重要項目だ。

ちょっとした販促で売上を上げて喜ぶという段階から脱して、ビジネスモデル自体の検討をしなければならない。

また、ビジネスには「使命感」も必要。

使命感が、明日の売上に、いったいどう関わるのかと思うだろうが、それが大ありで、

使命感はビジネスのエンジンである。これがないと発想が湧かない。発想が湧かなければ、戦略は作れない。戦略が作れないと、短期的な成果で終わる。

しかし、戦略の重要性に気づくためには、まず、業績アップを「戦術」レベルで体験することが必要である。

そこで今回は、戦術レベルの話をしよう。

「商品をどういう切り口で販売すれば、売れるメッセージになるか？」という点である。売れる切り口を作る方法論はかなり科学的に構築できる。そして、それには、２つの大きなステップがある。

１つ目のステップは、あなたのビジネスについて、より深く理解することだ。具体的には、自分の商品について、もう一歩深く理解する。自分の顧客について、もう一歩深く理解する。自社の優位性について、もう一歩深く理解する。

そして、以上の項目を深く掘り下げていくための鍵となる質問が、次の６つだ。

①この商品は、ズバリどんな商品か？　その特長２つを20秒以内で簡潔に説明すると？

②この商品を20秒間説明しただけで、「なんとか売ってくれ」と頭を下げて、嘆願する

お客はどのようなお客か？

③いろいろ似たような会社がある中で、なぜ既存客は自分の会社を選んだのか？　同じような商品を扱う会社が多くある中で、なぜ既存客は自分の会社からこの商品を買うことにしたのか？

④いったいお客はどんな場面で、怒鳴りたくなるほどの怒りを感じているのか？　どんなことに夜も眠れないほどの欲求を持つのか？　その怒り・悩み・不安・欲求をお客が感じる場面を視覚的に描写すると……。

⑤なぜこの商品は、その悩みを簡単に、短時間で解決できるのか？　それを聞いたとたん、お客はどんな疑いを持つか？

⑥その猜疑（さいぎ）心を吹き飛ばす、具体的・圧倒的な証拠は？

以上の質問に答えているうちに、商品について、顧客について、自動的に深く理解できる。売れるキャッチフレーズというのは、その深い理解から生まれるのである。売れるキャッチフレーズが思い浮かばないのは、適切な質問の仕方を知らないからだ。

そう、**適切な答えは、適切な質問をすることによって得られる**のである。

●「ギャップ」が人を動かす

売れる文章を書くうえで、２つ目の重要なポイントは、物事を語る〝順番〟である。それを「ＰＡＳＯＮＡ」の順番、すなわち、問題点の明確化（Ｐ）、問題点の炙り立て（Ａ）、解決策の提示（ＳＯ）、絞り込み（Ｎ）、そして行動への呼びかけ（Ａ）という順番に並べると、非常に行動しやすいメッセージができることが分かる。

どうして「ＰＡＳＯＮＡの法則」が、どれほどに強力なのかといえば、これは人間の行動原則に合致しているからである。

人間の行動を起こすメカニズムは、非常に簡単である。

想定する期待と、現実のギャップが、耐え切れないほどに広がった場合、人間は行動を起こすのである。私は、これを**購買ギャップ理論**といっている。メカニズム的には拙著『口コミ伝染病』（フォレスト出版刊）に書いた口コミ・ギャップ理論と同じである。

購買ギャップ理論を、ある旅行代理店の作品を例に説明してみよう。

PASONA（パソナ）の法則

P（＝Problem）……問題点の明確化

⇩

A（＝Agitation）……問題点の炙り立て

⇩

So（＝Solution）……解決策の提示

⇩

N（＝Narrow Down）……絞り込み

⇩

A（＝Action）……行動への呼びかけ

※文章を書くうえで欠かせない順番。
お客の購買心理を人間が行動するメカニズムに落とし込んだライティング・テクニック。

うまくいった広告と、効果が出なかった広告とどこが違うか比較してみよう。まず比較的成功した「どうなる？　ゴールデンウィーク商戦」である（次ページ参照）。このＤＭがどうして反応がいいのかは、次の視点から分析できる。

見出しは**「どうなる？　ゴールデンウィーク商戦」**となっている。ここで第1のギャップがある。通常のＤＭとまったく違った見出しなので、「なんだかなぁ？」という期待と現実の差が生まれる。

そして、**「結局すぐに回答は出ず、みなさまの貴重な時間と電話代だけが無駄になってしまいます」**という文章。これが第2のギャップ。お客は、「今は不況だから、いつでもチケットは取れるんじゃないか」という期待を持っている。その期待に対して、実はチケットが取れないという現実を強調している。

次は、「直前には安くなる」という期待。それに対して、**「安くならない」**という現実が書いてある。ここで第3のギャップがある。

お分かりだろうか？

ギャップが多く、現実と期待との差が大きくなる。大きくなると、心理的にアンバラン

どうなる？　ゴールデンウィーク商戦

私は手元にある新聞を見て愕然とした。いったい、なぜこんなことができるのだろうか？　本当に我々中小企業はどんどん淘汰されてしまうのだろうか？　あぁ～ますますデフレスパイラルの渦に巻き込まれていく。喜んでいるのはキャリアとエンドユーザーだけか？　なんだか大げさになってしまいましたが、大手J●B、K●Tのゴールデンウィーク商品が非常に安く、本当にまいりました。ハァ～！　出るのはため息ばかり。

でも、逆に大手旅行会社の広告宣伝のおかげで、さらに各出発日にお客様が殺到してくると思います。そうなってくると、多少値段が高かったとしても「WATING」となってしまいます。そのため大手PKGに問い合わせたり、ほかホールセラーに問い合わせたり、結局すぐに回答は出ず、みなさまの貴重な時間と電話代だけが無駄になってしまいます。

それだけではなく、直前になると弊社のような小企業では人員不足からみなさまへ満足のいく対応ができなくなり、非常に心苦しい気持ちになってしまいます。

そこでお願いです。
4月7日までに、事前販売にご協力いただけませんか？　そのお礼に、通常価格よりも大変お得なスペシャル価格をご用意いたしました。スペシャル価格ということで座席がないなどとは、どこかの大手旅行社やほかのホールセラーのようなことは、今ならありません。私どもにも面子がありますし、何よりこのご案内もいつもながら特約店56社にのみ事前に連絡しているからです。

私ども○○○○○ツアーはご存じの通り、名古屋において韓国旅行の専門店として地道にみなさまのご協力のもと、韓国を販売してきました。「安い」けど「席がない」とか、「安い」けど「ホテルは悪い」なんてことはありません。その点をふまえてパッケージ商品等をよく見ていただければ、どこよりもお得な値段であることをお約束します（ちょっと大げさかな……）。なぜかというと、私どもは韓国専門の旅行社として18年の実績と経験から航空会社からの信頼も厚く、大手旅行社に負けない仕入原価と十分な座席を確保しているからです。

最後になりましたが、締め切り期日後はその他875社の販売店のみなさまへ一斉FAXにてご案内いたしますので、お早めのご連絡を心よりお待ちしております。

韓国旅行の専門店　○○○○○ツアー
TEL: 052-561-●●●●
FAX: 052-561-●●●●
担当: ●●、●●、●●まで

P.S. ささやかながら韓国高麗人参茶を同封します。疲れた体を癒してください。

スが起こる。

そのアンバランスが耐え切れないほど大きくなったときに、頭の回路が切り替わって、行動を起こす。だから、ギャップが広がれば広がるほど、DMの反応が良くなるのである。

それに対して、「本人は面白いと思ったけど、反応が少ない」という事例を紹介しよう（次ページ参照）。このDMを「ギャップがどれだけあるか」という視点で見てほしい。

見出しは、**「ストレスでお疲れ気味のあなた！疲れた体を休めに行こう！」**。これには、期待と現実とのギャップはない。

そして、**「忙しい中たまにはただボーっとしてみるのもよいのでは？」**という文章には驚きがない。ということは、期待と現実とのギャップがない。ヒラメの刺身、そして黒豚カルビ。この辺で若干、期待以上の現実がありそうだということが分かる。

しかし、「あっ、そうか！」という驚きがあまりギャップとして広がっていないことが分かる。だから、どうしても反応が薄くなってしまう。

こう考えると、人間の行動というのは、きわめて単純で、結局、期待と現実の差からしか生まれない、ということが分かると思う。

ストレスでお疲れ気味のあなた！疲れた体を休めに行こう！
韓国旅行を扱って18年　韓国旅行の専門店[redacted]ツアー

社長さん、サラリーマンの皆さん、お元気ですか？
忙しい中たまにはただボーっとしてみるのもよいのでは？
最近は韓国と言えば「ソウル」ですが、ちょっと息抜きに行くには、ここはなかなか忙し過ぎる。それよりものんびり過ごしてみては？窓からのぞく風景もなんだかのんびりしてるし、心を休めるにはもってこい。まさに癒し系！もちろん食事も新鮮な海の幸盛りだくさん。ヒラメの刺身なんかはもう厚さは倍！倍よ！もちカルビだってある！特に名物の黒豚カルビはもうサイコー！黒豚食べてパワー全開体力UP間違いなし！それにゴルフだって10分もあればゴルフ場に行ける。特にORAC.C.は広くって思いっきりぶっ叩ける。ストレスなんて吹っとばせ！特に今回は1ラウンド後のハーフラウンドは無料ときたら。もう決めるしかないでしょう！最近お疲れのあなた値段的にもここしかないでしょ(゜o゜)
え？どこかって？チェジュ（済州島）ですよ。

◆チェジュ3日間　基本日程
1日目　名古屋から直行便にて済州島へ
2日目　終日：自由行動
3日目　出発まで自由行動、空港へ
　　　直行便にて名古屋へ
◆最少催行人員：　2名
◆利用予定ホテル：　済州グランド　指定
◆食事条件：　朝食0回／昼食0回／夕食0回
◆添乗員：　なし。現地係員がご案内致します。

[redacted]はここが違う！

①ORAC.C.ゴルフ1ラウンド後のハーフラウンド無料！
　（ハーフラウンド時キャディーチップ・税金は別途要）
②ホテル内サウナ・ヘルスクラブ50％割引
③新羅免税店割引クーポン、記念品プレゼント

2. 大人お一人様　（NET）旅行代金　　（単位＝￥）

出発日限定	NET	追加室料（2泊）	備考
7／11	33.000	16.000	●利用航空会社（KE756／755利用）
6／6. 13. 20. 27	36.000	16.000	NGO／CJU（水）18:00／20:00 CJU／NGO（金）15:20／17:00

★ 注意：上記料金にはゴルフ代金は含まれておりません。オプショナルツアーへご参加ください。
★ オプショナルツアー：ゴルフ　1PLAY ········ ￥16.000－（NET）平日PLAY料金
　（注意：1組3名以上、キャディーチップ、レンタル道具代金は含まれておりません。）

今すぐご確認後、大至急ご連絡下さい！
TEL:052-(561)-[redacted]　FAX:052-(561)-[redacted]
韓国旅行の専門店[redacted]　担当：[redacted]まで

（原文ママ）

私は広告を見て、一瞬にして、どこが悪いのか、そして、どうすれば反応が良くなるかが分かる。

その秘密は何かといえば、実は〝ギャップを敏感に察知している〟わけである。ギャップが少なければ、反応が少ない。その文章を読んでみても、心理的なバランスが崩れないからである。

文章は情報を伝えるものではない

～お客に「さすが！」と思わせるためには～

広告に限らず、顧客に向けてのものであれば、ちょっとした文書……たとえばお知らせや案内書でも、自社の姿勢を示す大事なマーケティングツールとなる。そして、その大事な文書を書くためのコツは、きわめて単純な「ビジネスの基本」といえる。

●「あっ、分かってくれている」

先日のことだ。社員に文章の書き方を教えるうえで、非常に簡単な方法を発見した。そこで、その経緯をお話ししたい。

私の会社の社員とちょっとした議論になった。

私は社員に、フォトリーディング*のセミナーを東京で開催する際、地方から参加される方のために、ホテルリストを作るようにと命じた。

ところが社員は、問い合わせされても十分な対応ができない可能性があるので、ホテル

フォトリーディング：神田昌典が代表を務め日本に普及させた、米国の神経言語プログラミング博士ポール・R・シーリィが編み出した「本のページを脳に写し取る」という驚異の速読術。解説書『あなたもいままでの10倍速く本が読める』（フォレスト出版刊）は、50万部を超えるベストセラー。

リストを付け加えるのは勘弁してほしいという。
私は「うちの会社（株式会社アルマクリエイションズ）のルールは、顧客の期待を常に超えることだ」と強調し、いっさい妥協しなかった。

そして社員は、こんなリストを作ってきた（次ページ参照）。
まずは、見てほしい。どう思われるだろうか？
まぁ、私にしてみれば、とても社外には出したくない文書である。

そこで、文書の書き方を指導することにした。
その際、私は次のように伝えた。

「文書はね、情報を伝えるもんじゃないんだよ。気持ちを伝えるものなんだ。分かる？
読み手がこの文書を受け取った際に、
『アルマクリエイションズは、地方から出張してくる人の気持ちが分かってくれる』
『さすが、アルマクリエイションズの社員だ』

恵比寿・渋谷周辺ホテルの御案内

ホテル名	電話番号	行き方
ウエスティンホテル東京	[redacted]	JR 恵比寿駅より徒歩 8 分
渋谷エクセルホテル東急	[redacted]	JR 渋谷駅より徒歩 1 分
渋谷東急イン	[redacted]	JR 渋谷駅より徒歩 1 分
渋谷東武ホテル	[redacted]	JR 渋谷駅より徒歩 8 分
シャンピアホテル青山	[redacted]	JR 渋谷駅より徒歩 10 分
ヒルポートホテル	[redacted]	JR 渋谷駅より徒歩 3 分
ホテルサンルート渋谷	[redacted]	JR 渋谷駅より徒歩 5 分

[redacted]

（原文ママ）

という感情を持ってもらいたいでしょう?

そういう気持ちを持ってもらいたいなら、どのように書く?」

以上のように「文書を書く心構え」を伝えて、社員が再度作り直してきたのが、次ページのリストである。

違いが分かるだろうか? どんな気持ちを持つだろうか?

たかがリストである。しかし、そのリストでも、これだけの違いが生じる。

「文書は情報を伝えるもの」と思ったら、大きな間違い。

気持ち(感情)を伝えるということを、社員に教えてあげてほしい。

恵比寿・渋谷周辺ホテルの御案内

ホテル名	電話番号	行き方およびスタッフよりのコメント
ウエスティンホテル東京	[redacted]	JR 恵比寿駅より徒歩 8 分 ＊セミナー会場へはすぐ!東京を代表する一流ホテル
渋谷エクセルホテル東急	[redacted]	JR 渋谷駅より徒歩 1 分 ＊今、最もランドマーク的存在の最新ホテル
渋谷東急イン	[redacted]	JR 渋谷駅より徒歩 1 分 ＊ビジネスホテルをご希望なら、こちらをお勧め
渋谷東武ホテル	[redacted]	JR 渋谷駅より徒歩 8 分 ＊人気の公園通り沿いなので、お買い物に便利
シャンピアホテル青山	[redacted]	JR 渋谷駅より徒歩 10 分 ＊ビジネスホテルですが、周辺はおしゃれな雰囲気
ヒルポートホテル	[redacted]	JR 渋谷駅より徒歩 3 分 ＊渋谷地区でも、閑静な立地で、交通に便利

詳しい空き状況・料金等をお調べするには

イサイズ トラベル　http://www.isize.com/travel/jp.html

Yahoo！トラベル　http://travel.yahoo.co.jp/　　などが便利です。

遠方からセミナーにお越しいただく、ご参加者の方々にご参考にしていただければ幸いです。[redacted]

（本リストは、元ホテル勤務の[redacted]が作成いたしました！）

[redacted]

（原文ママ）

世の中を変える1通の手紙

〜動いてもらいたいように動いてもらう表現とは〜

ダイレクト・マーケティングは「顧客を獲得する〝仕組み作り〟こそがすべて」と考える方も多いだろう。しかし、もっとも重要なのは「お客に何を伝えるか?」。DMでいえば、中に入れる手紙(レター)の出来だ。ここで取り上げられている事例のように、手紙の内容(お客にどう動いてもらうか)によって、ビジネスは大きく可能性を広げる。

●儲かる会社と儲からない会社の違い

まずは1通の手紙を紹介しよう(40、41ページ参照)。

この手紙を作成するにあたっては、何度か私との間でキャッチボールがあったのだが、相続支援センター*の米田社長は、私のいうポイントを的確に捉え、実にいい手紙を作られた。

23万円のコストで、400万円以上の粗利を得た手紙である。なんと2カ月で、昨年半年分の売上を上げたのだ。

とくに注目すべきなのは、反応率。

相続支援センター:現・相続手続支援センター。現在では、全国47カ所の支部があり、支援の拡大が続いている。

無料相談では、専門的な手続きについて、よく質問される次のようなことに、利害関係のない第三者としてお答えしております。

・ 誰が法定相続人なのか
・ 何から手をつければいいのか
・ 費用はどのくらいかかるのか
・ 相続税はかかるのか
・ 手続きをしないと困ることはなにか
・ 遺産分けの話をどう切り出したらよいか

無料相談は、個別に相談日時を設けて、他の方と重ならないようにさせていただいております．まずは、お電話で相談日時をご予約ください。なお相談場所については、事務局またはご自宅のどちらかをお選びください。

予約受付電話番号　０７９４－８９－[redacted]

受付時間　午前９時～午後７時（月～金）

受付先　相続支援センター

今回、この無料相談をご案内いたしますと同時に、分かりづらい手続が簡単に分かる「６２の葬儀後の手続きが一目でわかるチェックリスト」を同封しておりますので、手順整理のご参考になれば幸いと思っております．

最後になりましたが、地域の皆様のお役に立てますこと、一日も早い心のやすらぎを皆様が得られますようにお手伝いできますことを、心から願っております．

相続支援センター
明石・三木地区担当
米田貴虎

追伸：何を相談していいか分からないという理由で、興味がありながらご利用にならない方がおられますが、そういう方ほど、後ほどお困りになる方が多いので、ぜひ、ご利用ください．私達専門家が、あなたを支えます．

（原文ママ）

故人様のご逝去を悼み、謹んでお悔やみ申し上げますとともに、心からご冥福をお祈りいたします。

私どもは、弁護士・司法書士・税理士・土地家屋調査士等の専門家と連携して、相続に関する総合支援サービスを行っております明石・三木地区担当の相続支援センターと申します.

今回、このような時期に、やむをえずお手紙をお出ししておりますのは、悲しみのあまり相続手続きに関する適切な処置が遅れてしまったために、後々大変な不利益を受ける方が増えているからなのです.

相続の手続きというものは、生涯に何度もあることではないですし、あまり人と話さないことなので、正確な情報を入手することが困難です．そのため、何から手をつけたらよいのか、費用もどれくらいかかるのか、不安に思われている方が多いのです。手続きをされないままでいる方もおられますが、すぐに手続きを行わないために後になって大変困られている方も多くおられます.

すぐに手続きをしなかったことによる不利益の一例を申しあげますと、

- **本来給付されるべき金銭がもらえなくなる**
- **遅延金として罰金を取られる**
- **専門的な手続きにより多くの費用がかかる**
- **何から手をつけていいか分からなくなる**
- **円満な親戚・家族関係が崩れる原因となる**

現在のところ、一般的・専門的な手続きを含めて相続に関する総合的なサービスを行っているところは、信託銀行等が主となっており、ごく一部の方しか充分なサービスが受けられておりません。

そのため、本当は手続きをしなければならないと思っているのに、どこに相談したらいいのか分からなく、また、面倒なことなので先延ばしにされている方も多いようです.

これまで、私どもが相談を受けるときには、すぐにでも手続きを行わなければならないという、状況が差し迫っている場合が多く、充分な対応ができないこともありました。

そこで、まずは、皆様が不安に思われていることを、少しでも解消できればと思い、相続が発生してから３ヶ月未満の方を対象に無料相談をさせていただいております.

（専門的手続きの中には３ヶ月以内に行わなければならないものがあるため）

↓次ページ

もっとも安い郵送費のＤＭが、もっとも反応が高くなっている。

当初は、中にパンフレット等、いろんな資料を入れていた。ところが、それを減らしていくと郵送料が安くなるに従って、反応率は１・２％から倍以上の２・48％となっている。

これがどのような意味を持っているかといえば、手紙の内容にインパクトがある場合には、そのほかのものは、あまりごちゃごちゃ入れないほうがいいという大変貴重な学びである。

実は、ダイレクト・マーケティングでは「手紙」と「申込書」「お客様の声」そして「色もの（２色以上）のパンフレット」の４点を入れることが鉄則となっているが、それにも例外があるということである。


この１通の手紙は、大変なインパクトを秘めている。これをきっかけに、相続に携わる多くの人が結集していく可能性がある。

私も１通の手紙で３０００社を超える顧客獲得実践会のメンバーを集めるという体験をしてきたが、それと似たような匂いが感じられる作品なのだ。

なぜ、この手紙が相続をめぐるビジネスで大きなインパクトがあるかといえば、相続関連サービスの〝入り口〟になるからである。

相続は、ビッグビジネスである。現在60歳以上の人口が増えていることから分かるように、今後数十年にわたって、今世紀最大の富の移動が行われるといわれている。

葬式と同じぐらいビッグな市場なのであるが、実は、相続という分野では全国でシステマチックに均質なサービスを提供する会社がない。葬祭では公益社が上場しているが、「相続」で上場している会社はないんじゃないだろうか？

なぜ今まで、全国を対象とするための相続サービスが発生しなかったのかといえば、それは相続が必要となる人の手を挙げさせる仕組みがなかったためである。

ところが、この手紙は実に効率的に、相続が必要になる人の手を挙げさせることができる。なぜならば、相続をする人の立場に立って、心の痛みを理解し、共感を得ることができる手紙だからである。

おとぎ話と思われるかもしれないが、全国規模で、この手紙を遺族に出せば、2週間後には大変な数の人が、この相続相談会に集まることになる。つまり、**相続サポートができる優秀な人材を全国に配置し、そして、一気にダイレクトメールを打てば、数カ月後には、日本でトップの相続サポート会社になれる**のである。

儲かる会社と儲からない会社の差は、1通の手紙。

お客の心の痛みを理解し、共感を得ることが大切なのである。

●行動しないことのデメリットはあるか？

この手紙のポイントは、ひと言で言って、行動しないことのデメリットを徹底的に打ち出したことである。次の表現に注意してほしい。

- **悲しみのあまり相続手続きに関する適切な処置が遅れてしまったために、後々大変な不利益を受ける方が増えているからなのです。**
- **すぐに手続きをしなかったことによる不利益の一例を申し上げますと、……**
- **状況が差し迫っている場合が多く、充分な対応ができないこともありました。**

要するに、「うちの相続の相談がいかに優れているか」「相続の相談を受けることがいかに重要か」と説明をするのではなく、今この瞬間に、相談を受けないことがいかにあなたにとってデメリットとなるのか、を徹底的に表現するのである。

行動することのメリットと同時に〝行動しないことのデメリット〟を考えるのである。

このように相談しないことのデメリットを強調することで、お客は「相談しなければならないなぁ」と思い始める。

ところが、それでもお客は動かない。

なぜならば、何を相談していいのか分からないからである。

そこで、ダメ押しの追伸。

・何を相談していいか分からないという理由で、興味がありながらご利用にならない方がおられますが、そういう方ほど、後ほどお困りになる方が多いので、ぜひ、ご利用ください。私達専門家が、あなたを支えます。

相手の思っていることを先取りして、文章で表現する。そうすると、お客は行動するのである。

この手紙は、無料相談を実施する人には、住宅関係にしても、保険関係にしても、医療関係にしても、大変参考になるはずだ。

実践会の基礎とは？
～仕組みを考えないでビジネスはできない～

神田昌典のマーケティングの真髄を知るには、彼が主宰した「顧客獲得実践会」がその名の通り〝実践〟し続けた掟＝〝広告のルール〟を前提としなければならない。ここで紹介する記事は、ある会員の「失敗例」を取り上げることで、けっして忘れてはならない、広告の鉄則を徹底的に復習したものだ。

●6つの〝基礎〟を知る

株式会社デリカの石原社長からのエントリー作品である（48、49ページ参照）。

石原社長からは、「メッタ切りにしてほしい」とのリクエストをいただいている。私もその要望にお応えしたいと思う。これからキツイことを言うが、全会員のために、石原社長、犠牲者になってくれ。

正直なところ、資料を見たとたんに溜め息が出た。

あぁ、今まで私が言っていたことが、まったく実践できてないじゃないかぁー。私は毎回、大変な思いをして、このニュースレターを書いているんだ。それを、まったく読んどらんだろう！　もうバレバレ。目の前にいたら、飛び蹴りもんである。実践会の基礎がまったく分かっておらん。

そこで、実践会の基礎をいくつか復習してみよう。

実践会の基礎その①

反応は配布部数で予測してはならない。１資料請求コストで予測する

広告媒体の配布部数の数字をもとに、反応率を予測するのは愚の骨頂である。素人は「15万部も配られているのだから、少なくとも３００ぐらいは反応があるのではないか」と思うのだが、それが間違い。

そもそも公表された配布部数がいい加減。媒体で反応が得られるかどうかは配布部数では分からない。反応数は配布部数ではなく、１資料請求コストで予測する。

サンケイリビング等、タウン誌の１資料請求コストは、良くても１０００円台、通常

クエン酸は科学的にも証明されています。ドイツ人のハンス・クレブス教授が「クエン酸サイクル学説」で1953年度のノーベル生理学・医学賞を受賞しました。

もろみ酢は今、大変ブームなのですが、生産量が限られているのです。なぜなら天然のもろみ酢は沖縄のお酒、泡盛を造るときにしかできないからです。

一度買っても、二度目は2カ月以上待たされた、というようなことが起こっています。良いものを見つけて、せっかく飲み続けようと思っても買えないので残念な思いをされている方が多数おられます。

「そんなに良いもの、なぜ当ててくれなかったの！」と、再びお怒りにならないでください。このたくさんのご応募の中から、選ばせていただくのは本当に心苦しい思いをしたんです……。できれば全員の方に差し上げたい気持ちですが、そういうわけにもまいりません。でも、なんとかお葉書をいただいたあなた様への御礼にと考え、特別価格でお届けすることに決めました。通常では絶対にできない、今回ご応募いただいたあなた様のみに！　という条件で……、

ご優待価格でお届けいたします。
もろみ酢
２本で定価○○○○円(送料別途○○○円)のところ○○○○円引きの○○○○円！
さらに送料はサービス！

1本ご注文の場合は、○○○○円ですが送料(○○○円)はサービスです！
(以下略)

「なぜ私に当ててくれなかったの！」と、

決してお怒りにならないでください。

このたびは、「○○○酢プレゼント」にご応募いただき誠にありがとうございました。あなた様は残念ながら今回の抽選に洩れてしまいました。まずはお詫び申し上げます。

今回はとてもたくさんのみなさまからご応募いただき、大変驚いております。24名様当選のところ437名様のみなさまからご応募いただき、いかにダイエットや健康に不安をお持ちの方が多いかが改めてわかりました。また、みなさまとこうしてご縁をいただいたことをとてもうれしく思っています。


ご応募いただいたあなた様は、すでにもろみ酢のことはよくご存じのはず。まだ一度も飲んだことがないとすると……。

お酢といっても米酢のようにすっぱくありません！おいしいんです！

真っ青な海と白い砂浜、南国の森林に囲まれた大自然の中に蔵があります。ひんやりと涼しい蔵の中でじっくりともろみはクエン酸を蓄え、たっぷりとアミノ酸を含み、風味豊かなもろみ酢へと育っていきます。黒糖を加え、ちょっぴり甘酸っぱくて懐かしい香りのする搾りたてのもろみ酢。400年も前から蔵元の家族や周りの人々は愛飲していました。安全！　はっきり分かる（体感できる）！　そしておいしい！　さらに手頃な価格！

私たちは保存料や増量水などいっさい加えず、できたてそのままを瓶詰めしてお届けしています。

これこそがまさに天然の健康食品ではないでしょうか。

この健康食品をムリに買っていただこうとは思っていません。ただ、このような健康食品をまだ一度も経験されたことがないならば大変残念なことです。

2000~3000円ぐらいかかる。石原社長の1資料請求コストは、8万5000円÷112名なので758円。1000円を切っている。つまり大成功なのだ。

サンケイリビングで、1資料請求単価が700円台で済んだということは、その広告枠、広告表現については問題がない。にもかかわらず、「あまりの(反応の)少なさに驚きました」と言っている。

このような場合、私は怒りを抑えながら次のように聞く。すると、次のような会話が交わされることになる。

私　　　　「いったい、どれだけサンプル請求が欲しいのですか?」
クライアント「どのぐらいといっても、多ければ多いほどいいんですがね」
私　　　　「あえて、数字を言ってみると?」
クライアント「う~ん、倍ぐらいは欲しいですかね」

ほ~ら。図星でしょう?

なんで私が分かるかといえば、今まで数千社もの相談を受けていると、うまくいかない人は必ず同じところで間違えるからだ。業界が変わっても、社長が代わっても、商品が替わっても、答えは同じなのだ。

実際に、倍ぐらいの資料請求数があるとすれば、３７９円が1資料請求コストとなってしまう。ということは、シミュレーションしてもらえば分かるが、あなたは1年後には、確実に億万長者である。

これでは誰もが頭を絞らずに億万長者になってしまう。ところが、世の中は頭を使った者だけが前に進めるように設計されているから、こんな知的怠惰な人を成功させはしないのである。

実践会の基礎その②

シミュレーションをする前に、広告を出してはならない

石原社長は、「時期が悪かったのか」「地域が悪かったのか」等の理由を分析しているが、一番悪いのは「現実を知らない」ということだ。

広告する前に〝シミュレーション〟を行っていないことが問題なのである。

私であれば、８万５０００円の広告であれば、目標値を60件程度に置く。つまり、1資

料請求単価を１２００円弱に持ってくるのである。

成約率については、飲んだら即効性のある商品であれば３割。通常の商品であれば、12〜20％、そして単価の高い商品であったり、信頼性に疑問がある商品だったりすれば、５％ぐらいに持ってくる。

この商品の場合、値段は手頃だが、お客になじみはないし、即効性があるとも思えないので、成約の目標値として12〜20％を持ってくる。すると結果、７〜12名ぐらいの成約。受注単価が３０００円だとすると、売上は２万円から３万円。それに対して広告費が８万５０００円である。

これがビジネスの仕組みを作る際の現実である。この現実を知ると、次にこう言ってくる人がいる。

「それじゃ、ダイレクト・マーケティングは無理ですね」

この「ダイレクト・マーケティングは無理ですね」という言葉の前提になっているのは、そのほかの選択肢が存在するということだ。

ところがダイレクト・マーケティングが無理であれば、ほかのどんな手法をやっても成功する可能性は低い。店売りをすればいいのかといえば、そんなに簡単ではない。もろみ酢だけを販売するというビジネスの仕組みだったら、店舗を構えてもやっていけるはずがないのである。

要するに、現状の数字を前提とすれば、天才をもってしても、もろみ酢だけではビジネスの仕組みが作れないのである。

ビジネスの仕組みとは何か？

ひと言でいえば、「いったい初めに何を売って、次に何を売るのか？」。これが仕組みを築くための、小学生でも分かる定義である。

実践会の基礎その③

サンプルは、使わせて初めて購買に結び付く

売り手にとって大きな誤解の１つは、

「サンプルを見込客に配った。だから使うはずだ」

という前提である。

この前提は、勘違いも甚だしい。サンプル請求者は、サンプルをもらったことで安心して、それ以上、何も行動しない。ということは、売り手はサンプルを送ったら、今度はサ

ンプルを使わせることに注力しなければならない。

それでは、サンプルをどのように使わせるのかといえば、もっとも効果的なのは**実況中継**である。実況中継とはどうやるかといえば、使った人が体験することを、時系列に沿ってそのまま描写するのである。

たとえば……。

「まずは匂いをかいでみてください。酢のような匂いを想像されている方は、きっと軽い驚きがあるでしょう。次に思い切って、口に含んでみます。『こんなおいしい酢だったら、何杯でも飲めるわ』とあなたにも思っていただけるはずです。そして、まずは3日間試してみてください。すると、3日後には、××××という変化にお気づきになるかもしれません。そして3週間後。ぜひ、朝起きたときの肌のハリをお感じになってください」

このように使った直後、3日後、3週間後に、どのような結果が出るのかを実況中継するのだ。**100の言葉より、1枚の写真。しかし100枚の写真より、心に描く1つのイメージ**。それが購買行動を起こさせる。

そしてイメージを浮かばせるためには、お客の立場に立って、お客がどんな行動を取っていくのかを考えることが重要なんだよなぁ。

実践会の基礎その④

無意識レベルでは、肯定で終わる文章と、否定形で終わる文章を区別できない

「決してお怒りにならないでください」

という否定形……。

人間は無意識レベルでは、否定形と肯定形を区別できない。つまり、「怒ってください」ということと同じなのである。

また、抽選で景品プレゼントをする際には、原則がある。絶対に、絶対に「はずれました」といってはならない。なぜなら、プレゼントに応募する人は〝ゲーム感覚〟だからである。当選すれば、ゲームの勝ち。はずれれば負けなのだ。つまり「はずれました」ということは、「あんたは、負け」と傷口に塩をすり込むようなものだ。すると、お客は「こんな私を丁寧に扱っていない会社からものなんか買ってやるものか」という、**売り手が意図する反対の感情**を持つことになる。

だから、見出しの文章「『なぜ私に当ててくれなかったの！』と、決してお怒りになら

ないでください」というのは、やってはいけない表現なのである。

さらに、見出しはお客にとってのベネフィット（得になること）を書かなくてはならないという原則を無視している。

「はずれました」と言ってはいけないのであれば、どうすればいいのか？

単に、感謝すればいいのである。

たとえば……、

「今回はご応募ありがとうございました。ご応募いただきました方に限りまして、特別価格でご奉仕いたします」

この表現では「私は当選したのか」との問い合わせがくるのではないか……と心配な場合には、それを避けるために「応募者全員にサンプル、もしくはガイドブックを差し上げる」という表現をどこかに入れておくべきだ。そうするとサンプルを送付した段階で、はずれたことを分かってもらえる。

もし当選数を増やせるようだったら、次のような表現を使うと反応率が高まる。

「今回はご応募ありがとうございました。会社の予想をはるかに上回る３２３１通にもおよぶご応募がありまして、もろみ酢が美容にいいことが、これほど知られていたことに私どももうれしい驚きを感じております。さっそく、当選者数を30から１００に引き上げさせていただきまして、あなた様を当選とさせていただきました」

この表現は、「あなた様を当選とさせていただきました」というところが鍵であり、特別扱いしてあげることで、お客を喜ばせるのである。

実践会の基礎その⑤
抑え切れない欲求（ウォンツ）もしくは差し迫った必要性（ニーズ）がなければ、商品は売れない

「保存料や増量水などいっさい加えず」ということを強調しているが、「保存料なし」に対して差し迫った必要性、もしくは抑え切れない欲求があるだろうか？

もろみ酢が欲しいという前提で、「どのもろみ酢を買おうかなぁ」とお客が迷っているのであれば、「保存料なし」はメリットになるだろう。しかし、もろみ酢自体が一般的に知られていないのだから、まずは「〝もろみ酢〟というコンセプト」を売らなければならない。

そのためには、もろみ酢の効能のうち、いったいどの効能を前面に出すかを考えなければならない。そして、そのうえで、見出しを考えていくのである。

たとえば……、

「私に3週間ください。あなたの肌年齢が10歳若返ります」

本来は、このように言いたいのだが、これは効果を謳うことになるので、薬事法にひっかかる可能性があるだろう。そこで……、

「私に3週間ください。あなたのダイエットに対する考えが変わります」

という方法もある。

このように美容・ダイエット効果を前面に打ち出す。そして、そのあとに、ほかの副次的ベネフィットを述べるのである。

つまり購買させるためには、まず美容・ダイエットで興味を引き、買おうかなと思わせておいて、その次に、そのほかのベネフィットで説得するのである。たとえばこうだ。

「もちろん、もろみ酢は、美容・ダイエットにいいだけではありません。お肌の曲がり角が25歳といわれておりますが、実は曲がり角はお肌だけではないのです。疲れやすくなったり、風邪を引きやすくなったりしたら、それは本来、あなたが持っている輝きが失われているのです。あなたの笑顔を取り戻すことができる。だからこそ、もろみ酢は○万人以上の方に、継続的に愛飲されています」

実践会の基礎その⑥
圧倒的な証拠がなければ、お客はあなたの言うことを信用しない

今回の資料には「お客様の声」がいっさい含まれていない。

このような資料を見ると、必ず私は質問する。

私　「お客様の声がありませんねぇ」

クライアント「いや、別の紙で封筒には、お客様の声は同封しました」

私　「そうですか。まさかお客様の名前をイニシャルにしていないでしょうねぇ」

クライアント「すみません。イニシャルです」

〝イニシャルのお客様の声〟は、誰も信用しない。必要なのは、圧倒的な証拠。圧倒的とは、お客様の声、そしてその真実味である。だから手書きのほうが好ましいし、また実名のほうがさらに好ましい。

以上、実践会の基本中の基本だった。

しかし、これができないんだな。言っとくけど、基本をバカにしちゃいけないよ。そもそも人間は、覚えた先から忘れる動物なんだ。筋肉と同じように、マーケティングの原則も常に勉強していないと、錆(さ)び付いてくる。だから勉強をやめたとたんに、切れ味が悪くなる。

実践会歴が長い会員の中にも、これまでの話を「これは基礎!」と言われて、焦った人もいるのでは?

商品を表現する際の心得

～「言ったモノ勝ち」の理由とは？～

〝謙虚な〟日本人にとっては、自分の長所を強くアピールするのは、けっこう難しいことかもしれない。でも、顧客に自社の商品やサービスを案内する際に「大したモノではありませんが……」なんて表現はあり得ない。誇りを持った商品紹介の表現で、「自分自身」を変えてしまえ。

●右脳にスイッチを入れる！

商品というのは、**表現だけで、これだけ魅力的になる**のかぁ、と実感していただきたいのが、イタリア料理店を経営している会員さんの作品だ。

白眉（はくび）なのが次ページの手書きメニュー。**「危険です　ホッペが落ちます。牛ホホ肉の赤ワイン煮￥1750」**という表現。これでは、お客としては食べざるを得ない。

また、チラシからは人柄が伝わってくると思う（63ページ参照）。

Carni 肉料理

○幸せになります タンシチュー
¥1,750

○危険ですッペが落ちます。
牛ホホ肉のホワイ煮 ¥1,750

○良い人は食べてはダメです。
地鶏の悪魔焼 ¥1,180

○ポニーではありません牛です。
テールシチュー ¥1,800

○ダイエット効果があります。
仔羊の炭焼 ¥1,700

○牛フィレ肉の綱（つな）ではありません
網（アミ）焼です。 ¥1,800

（原文ママ）

ピッツァ・ストーリー

地域No.1の薄焼きピッツァができた訳

すいません！！ 最初に誤ります。ごめんなさい。実は当店オープン当初既製品のピザ生地を使用しておりました。オープンの忙しさに生地を練っている時間がなかったのです。そして多くのお客様からお叱りをうけました。ピザが美味しくないと。

イタリア料理店であるにもかかわらず、ピザが美味しくないなんて、そしてやはりピザの生地は自分で作ろうと決心したのです。

しかし、**「どうせやるならこのあたりに無い生地を作ろう」**

このあたりのピザはパンのようなしっとりした生地が多いのに気付きました。そこで私は正反対のパリパリ生地を使う事をきめました。しかしパリパリピザの生地のレシピをしらなかったのです。そしていろいろな粉の配合を考え何度も失敗しやっと発見したのが（大きな声では言えませんので小さい声で）

「フランスパンを作る時の粉で作ってみたところ出来たのです。パリパリピザが」

えっ小さすぎて解らない！では、もう一度大きな声で
「フランスパンを作る時の粉で作ってみたところ出来たのです。パリパリピザが」

そんなこんなで出来た薄焼きピザ、今ではこのあたりでは２番目に美味しい（ほんとは、１番て書いてあったんだけど自分ではいえないので謙虚に）と誉めて下さるお客様もいらっしぃます。

そう言う物語のあるピザです。よろしければどうぞご注文ください

PS.テイクアウトもありますのでおみやげにもお使いください。

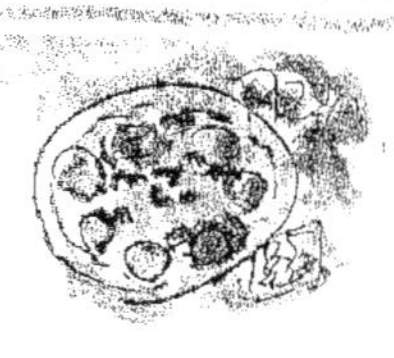

（原文ママ）

あなたは、いったいどんな人柄を想像するだろうか？　実際に書いてみてほしい。

（彼は、……　　　　　　　　　　　　　　　　　　　　　　　　　　）

私の答えは、次の通りだ。

（彼は、プロ意識を持って、妥協せず、そして、高いものだけを出すのではなく、納得のいくものを作っている。

そして、お客のことを、お客に与えることを楽しみに思っている人。）


チラシは、人間性を誤魔化すことができないのです。


私は覚えているのだが、彼の初期の頃のチラシは、悪くはなかったが、このような人柄があまり伝わってこないものだった。しかし、右脳にスイッチが入ったみたいだ。嘘偽りなく、まっすぐに自分が表現されている。

自分を表現すると、今度は、表現している自分が本物になってくる。


「地域NO．1の薄焼きピッツァ」と断言してしまえば、その名に恥じないピッツァを毎回、作らなくてはならなくなる。

「キケンです。ホッペが落ちます」と言い切ってしまえば、それに恥じない味を提供し続けなければならない。

実は、そのような妥協のない姿勢というのは、文章として実際に書いていくことによって、本物になっていく。それは脳の神経回路の構造からいって、どうしようもない事実。

これを「フィードバック効果」という。

自分が発信した情報が、相手から評価・判断を受けると、脳の神経回路が太くなる。すると、今までは、ちょっと無理があるかなぁと思っていても、自分に自信が持てるようになる。自信を持つと、それを見ているお客も「さすがだ」と感心する。

そのような情報のフィードバックが、現実を作っていく。

だから、言ったことは次々と現実化していく。つまり、**言ったモノ勝ち**ということですね。

この会員さんの文章からは、自分の料理に対する誇りが見えるね。

たとえばフォーシーズンズホテルには、「プライド（誇り）を感じないものは、お客に出してはいけない」というルールがある。そのプライドが、文化をつくっている。

自分の商品にプライドを持とう。

思い切って、そのプライドを表現してみよう。

それは、間もなく現実になる。

あなたのライバルは、競合店ではない

〜まずは自分の頭を使うことから始めよう〜

学生服を販売する実家から「例年以上にライバル店との競争が厳しい」と相談を持ち込まれた著者。実家のＤＭやセールスレターから発見された、多くの会社が陥りがちな「典型的な間違い」を指摘しながら、ＤＭという戦術に取り組む際の心構えを解説した。

●売れないキャンペーンを売れるようにするには？

私の以前の事務所は、浦和にある古いビルの４階にあった。実家が経営している学生服販売店の会社に間借りしていたので、壁を１つ隔てたところでは、冬の時期、学生服をさかんに売り込んでいる。

他業種と同様、学生服も年々、営業は厳しくなる。毎年、子どもの数は少なくなる。価格が下がる。今年は、利益の源泉であった体操着まで、ライバル店が価格競争を仕掛けてきた。訪問販売をする業者も現れ始めた。

そこで、「今年は、例年以上に苦しい、どうしたらいいか」と社員から、私に相談があった。実家のことだから、率直にものが言えるので、勉強のために、あえて辛口で解説する。

結局、**売れる会社と売れない会社の差は、１枚のチラシや１通のＤＭ**だったりする。成功しているチラシやＤＭは、時間が経っても一定の反応率で収益を生み続ける。

しかし実家の学生服店は、〝売れるＤＭ〟を作らなかったので、いらぬ苦労を毎年していた。一生懸命働いているような気になっていたが、実は頭を使っていないから、ラクな選択をしていたともいえる。

毎年、同じことの繰り返しをしていると、あっという間に5年、10年と経ってしまう。昔は、年数が経てば、それなりに経験が積まれて業績は良くなったが、今は年数が経てば〝順調に〟右肩下がりになる。「変わらなくてはいけない」「新しい発想をしなければならない」と、毎年言い続けることになる。

実家を見ていると、多くの会社で陥りやすい典型的な間違いがあった。その間違いをいくつか挙げてみよう。

実家の社員2人とミーティングを持った。

その年の特典はいくつかあったが、一番の目玉は「値引き」だった。ところが、その前年の目玉は、「ワイシャツ（もしくはブラウス）が1点無料」だった。

そこで、「ワイシャツ無料のときの反応はどうでしたか」と尋ねたら、「それは良かったです」とのこと。

これです。

反応の良かったオファーを変えてしまう。これが「間違いその1」。

なぜ反応のいいオファーを変えてしまうのか？　これには、いろんな理由がある。

まず「担当者が飽きてしまう」。このオファーは、もう何回もやっているからお客は飽きているだろうという勘違いをする。お客は毎年、代わっていく。しかし、担当者は同じ。だから、お客より先に担当者が飽きる。その結果、コロコロと毎年のように方針が変わる。DMを作り替えることが仕事になる。

広告は反応が取れ続けるかぎり、変える必要はない。

ある旅行会社の広告は、３年間ほとんど変更していない。にもかかわらず、毎回、出すたびに同じぐらいの数の電話が鳴る。私が手がけた住宅の広告も同様。何年間かやったあとでも、久しぶりに出すと、また同様の反応が得られる。

もちろん、反応が落ちたら新しく変える必要がある。しかし、その新しい広告も反応が落ちたら、古い広告に戻す。すると、また反応がアップする。

つまり、反応のいい広告のパターンを3つぐらい用意して、ローテーションすればいい。**初めから作り直すのではなく、うまくいった広告をリサイクルする**のだ。

さて、以前実家が出したDMを見ると、典型的な〝売り込み〟になっている。色モノ（カラー）のチラシしか入っていない。

チラシを入れれば、売れるだろうという勘違い。これが「間違いその2」。

ダイレクト・マーケティングのプロは、DMのことを「ダイレクトメール・パッケージ」と呼ぶ。

パッケージだから、チラシが入っているだけではなく、数点の封入物がある。典型的には、①セールスレター ②レスポンス・デバイス（申込書、招待状、クーポン券等）③お客様の声 ④チラシもしくはパンフレットである。

とくに、反応に対して影響が大きいのは、①のセールスレターだ。

反応率を計測してみると、④のチラシもしくはパンフレットの出来は、あまりDMの反応率には影響を与えない。だからプロは、**レターの作成に一番時間をかける。**

「どういうダイレクトメールを作ったらいいのか分からない」というので、私は、2人の社員にセールスレターの展開について話した。そして、その骨子をホワイトボードに書いた。有効期限付きのクーポン券を作ることを勧めた。

ところが、ここで営業サイドから「できない」という声が上がった。「印刷するのに時間がない」「クーポン券を作る時間がない」等々のいろんな理由が出てくる。

そこで、私は妥協した。今回はクーポン券はいらない。必要なのは2、3枚のセールスレターだけ。しかも、そのレターの骨子はすでにできている。あとは、文章を上に落とすだけ。

それでも「できない」という。なんとかもう1名の社員を説得して、「やります」ということになった。

このように、社内から「できない」という声が上がったら、一般論として、いい方向に向かっていると考えたほうがいい。

そもそも人間は誰でも、変化が嫌いだ。頭を使うのは、もっと嫌い。「新しいことをしなければならない」といっている人が、もっとも変化に応じない。日産もイチローを宣伝に出して、「変わらなくちゃ」といっていた頃はまったく変わらなかった。しかし、カルロス・ゴーンが静かにやっているな、と思っていたら、会社は利益を出す。

「新しいことをしなければならない」なんて言っているうちは、古い仕組みにしがみついている状態。新しいことをしている人は「変わらなくちゃ」という前に行動している。

●レターが営業を簡単にする！

さて、この社員とのミーティングのあと、数日経って、セールスレターが送られてきた。

私は、これを見たとたんに愕然（がくぜん）とした。単なる自社のアピールで、ちっとも読みたいと思えなかった（次ページ参照）。

「とほほ。あそこまで、一言一句、説明したのに……」

セールスレターでは、お客が聞きたいことを言わなければならない。自分の言いたいことを言っていて、お客が聞きたいことを言ってない。これが「間違いその３」。

お客が聞きたいことというのは、お客が心の中で行っている会話である。つまりお客が心の中で思っていることを、紙面で伝えてあげたときに、お客は「この会社は、私のこと

ご挨拶状

ご入学おめでとうございます

２１世紀最初の輝かしい記念すべき年に、中学校にご入学なされますお子様へ、神田商会社員一同心よりお慶び申し上げます。

早いもので、ご入学まであと３カ月を残すところとなりました。ご準備・ご計画はいかがお済みでしょうか。

創立80年の神田商会は、地元のお客様とのご交流とご支援を賜り、学生服・体育着販売の実績とたゆまぬ研究の結果、毎年５人に３人の方に神田商会の制服を愛用していただいております。国内で製造され、人の手で１着ずつ丁寧に仕立てられた制服は、丈夫で安心して着用していただけます。

また、神田商会では、たえず学校と連絡を取り、学校の方針に合った商品をお子様に販売しております。入学までにご用意いただく用品のリストを同封いたしましたのでご覧になり、準備の参考になさってください。

1月31日までのダブルチャンス

毎年３、４月は高校生の入学準備と重なり、大変混雑いたします。
そこで、いち早く余裕のあるご準備を！

3月１１日までのサービス（パンフレットをご参照ください）に加え、さらに特別サービスをいたします。1月３１日迄にご予約頂きますと、ワイシャツ（男・女）またはブラウス（女）いずれか１枚をサービス。クーポン券を同封いたしましたのでお友達もお誘いください。必需品なだけに、お得なプレゼントです。

ご予約の方法は？

①電話　フリーダイヤル　0120-○○○-○○○
②ＦＡＸ　○○○-○○○-○○○
③インターネット　http://www.○○○○○○○

中学校通学服は、実績と信頼のある
神田商会におまかせください。

を分かってくれる」と反応するのだ。

このセールスレター案は、多分、昨年のダイレクトメールとほとんど変わっていない。このことから、最大のライバルは競合店ではないことが分かる。最大のライバルは、あなたの肩の上、耳と耳との間の問題。

そう。〝頭を使わない〟という怠惰心である。それが究極のライバルなのだ。

同業者が価格を下げてきた。この同業者をライバルだと思い込む。しかし、ちゃんちゃら可笑(おか)しい。価格を下げるのはライバルじゃない。自分なのである。

価格を下げるのは、自分の決定。自分で価格を下げて安値を求めるお客を集めたのに、その原因がライバル店のせいだと、他人を責める。

そりゃ、頭を使わなかったから、そうなったのだ。この間会った会員さんは、ライバルが9800円で売っている商品を2万9800円で販売したよ。にもかかわらず、ライバル会社とは比較にならないほど、お客が集まっている。

さて、あなただったら、どんなセールスレターを書くだろうか？

私が、手を入れたのが、76、77ページのセールスレターである（実物は3枚にわたる）。

新刊の執筆で、気が狂いそうになっているときに仕上げたものだ。

正式に依頼されてやったものではないので、かなりいい加減だが、それでも反応はいい。昨年1月は、来店客がほぼゼロだったが、今年はこの手紙を4000通出した結果、3日で69人が来店している。当初の目標が1500着の販売だったが、現在（注：本ニュースレター発行当時）は目標を2000着に上方修正している。

数字を上げるだけではなく、感情マーケティングを使ったセールスレターは、営業を簡単にする。

この手紙を出してすぐに、「神田商会さんは、今までと違うのね」と、来店したお客にコメントされたという。

今までは、お客が来たら商品説明をする。そして、自分たちがいかに優れたものを販売しているのかを説得する。

そういう説得が必要なくなるのだ。すでに会社を信頼したうえで来店しているのだから、店員はお客の質問に答えるだけでいい。

さらに、各家庭へのテレ・マーケティングが簡単になる。

今までは、「神田商会と申します。学生服の準備は進んでいらっしゃいますか？」と尋ね、できるだけ話す時間を長くする。そして「ぜひ、ご来店ください」と売り込む。しかし、売り込みをすると断られる。断られれば断られるほど、自分の仕事にプライドが持てず、やる気を失う。

それに対して今度は、**できるだけ早く電話を切るのが仕事**だ。

「学生服専門店の神田商会ですが、1月末までにご来店されると、ワイシャツまたはブラウス1枚を無料でお付けしておりますが、期限が3日後に迫ってまいりましたので、お電話いたしました。ご来店のご予定があるようでしたら、お取り置きしておきますが、どうされますか?」と聞くだけだ。社員は、「これだったら、何件電話をしてもいいわ」と言っている。

●封筒の開封率を高める、もっとも簡単な方法

このDMを作成するのに、時間はかからない。新たにガリ版印刷をしたのは、このセールスレターだけ。そのほかのツールは、すべて今までの使い回しだ。

ただ、最後に悩んだのが、封筒の開封率をどうやって上げるかである。もう封筒は刷り

ます。もちろん、こちらの商品も通常販売商品ですから、品質に妥協はありません。2100円という価格で販売しますと、私どもにとっては赤字になります。しかしながら先に申し述べました理由で、お客様と私どもが協力することにより、双方がメリットを得ることができるのです。

私どもは、学生服専門店として、現在市内の中学生の５人に２人がご利用していただいております。浦和市内では、もっとも古い学生用品店です。中学校から信頼を受け、頻繁に連絡をとり、学校の指示どおりの商品を販売しております。

これだけ多くの中学校およびご父兄に支持されておりますが、正直、値段だけで比べますと、一番安い品物を用意している店ではございません。学生服というのは、普通の洋服とは違います。中学生は活発に活動いたします。「安かろう、悪かろう」の商品では、すぐにダメになってしまうのです。そこで、私どもとしては、品質・耐久性に疑問のある、値段が安いだけの商品は販売しておりません。私どもの学生服は、全国でも有数のトップ生地メーカー（ニッケ）とトンボ学生服の一流製造メーカーと共同で製作しております。海外ではなく、国内で、丁寧に縫製された学生服です。

繰り返し申しますが、「安かろう、悪かろう」の商品はご用意しておりません。しかも同等品質の商品を比べていただければ、どこよりもお得な買い物ができることは、私どもがお約束いたします。なぜかといいますと、私どもは、浦和市内ではもっとも実績と経験がある会社でございます。何十年にわたって学生服をご提供しています。そのために仕入れ先からの信頼が厚いからこそ、ご提供できる価格になっているのです。

今年は、同封のパンフレットに掲載されているとおり、特に多くの特典をご用意しています。もちろん、これだけのサービスをすべての方にご提供できるわけではありません。2100円～2700円相当のワイシャツ・ブラウスの無料進呈は、1月31日までにご採寸いただけた方限定となります。

それでは、お早めのご来店、心よりお待ち申し上げております。

株式会社神田商会　社員一同

追伸、この時期のお母さんは、たいへん忙しいですよね。私どもでは、お母様のご負担をできるだけ少なくするよう、神田商会独自の、次のサービスをご提供しております。是非、ご利用ください。

★その１　ご自宅で採寸ができます。（お1人からでも結構です。ご連絡ください）
★その２　無料で宅配いたします。（しかも時間が指定できます）
★その３　夏服については、ご来店いただかなくても電話１本でご用意できます。

学生服専門店　神田商会
フリーダイヤル　0120-○○○-○○○
TEL　○○○-○○○-○○○
FAX　○○○-○○○-○○○

お願いがあります。

お父さん、お母さん。
お子様の中学校への入学、本当におめでとうございます。心よりお祝い申しあげます。

実は、私にも、息子がおります。長男が入学したときのことを、昨日のように、思い出します。「もう、中学生になったのか」と嬉しさを感じると同時に、赤ちゃんのころから、いままでの成長ぶりが、目に浮かびました。

お母さん、お父さん。ご苦労さまです。まだまだ大変でしょうが、お子様のために、頑張ってあげてください。

嬉しい入学ですが、その準備を考えると、正直、気が重くなりませんか？　特に、最近のお母さんは忙しいので、必要な用品をすべて購入するだけでも大きな負担です。学生服、通学かばん、体操着、ジャージ、上履き等。中学校からの指示どおりのものをそろえることになります。多くのご両親は、これらの入学用品の準備を、学校説明会までお待ちになります。それは説明会で、「詳しい説明があるだろう」との理由ですが、実際には、説明は10分程度で、後は、業者のダイレクトメールを集めて終わりになるケースがほとんどです。

そこで、問題が起こります。

学校説明会が終わると、一度に、お客様が、学生服店に殺到することになります。学生服は、丁寧に採寸をするのに30分程度、そして、すべて購入が終わるまでには45分程度の時間が必要になります。そこで入学直前になると、どの学生服店でも、行列ができる有様です。そのため、あっちのお店にいったり、こっちのお店にいったり。結局、学生服を購入するために、何時間もの、お母さんの貴重な時間が無駄になってしまうのです。

直前になると、私どもも大変忙しくなります。ピーク時には、パート社員で対応することになりますのでの、その分人件費も多くかかります。

そこで、お願いがあります。
１月31日までに、ご来店いただけませんでしょうか？　そのお礼に、通常2100円～2700円で販売されているワイシャツまたはブラウスを1枚無料で進呈いたします。無料進呈用の安物ではありません。私どもの面子がありますので、きちんとした商品を進呈致します。

「ははーん、無料というけど、このワイシャツ・ブラウスは、初めから価格のなかに入っているんじゃないの？」そう、思いませんでしたか。
そうでは、ありません。実は、早めにご予約していただけると、私ども社内の費用負担も少なくなりますので、その分、お礼といたしまして、あなた様に還元しようということなのです。

ご予約されることの特典は、これだけではありません。
さらに通学カバン、夏ズボン、夏スカートのうちから、どれか1つを2100円で特別ご奉仕いたし

上がっているから、それを使うしかない。

開封率を上げるために、多くの場合、封筒の上に気のきいた、開封したくなるメッセージ(ティーザー・コピーという)を印刷することを考える。ところが、素人はそれで失敗する。たいてい売り込みの文句を並べてしまう。それは封筒の外から、**「これは売り込みですから、開封しなくていいですよ。すぐにゴミ箱に捨ててください」**と言っているようなものだからだ。

今回、私は封筒の開封率を上げるために、中込書に特殊なペンを差し込んだ。平べったいボールペンであるが、たまたま自分のDMキャンペーンのためにアメリカから輸入したボールペンがあったので、それを流用した。封筒の開封率を上げるのに、もっとも手っ取り早い方法である。

申込書には、「このペンでご記入後、今すぐお申し込みください」とアクションを呼びかける言葉を添えておく。すると、反応率が大幅に上がる。アメリカでは、このフラットペンを付けることによって、約2倍、反応が上がるといわれている。1通当たりのコストは若干かかるが、反応が上がるから、結局、顧客獲得コストが安くなるのだ。

●社員は、ダイレクトメールの反応を悪いものにしたがる

さて、順調に進み出した第1回目のDMだが、特典の有効期限も迫って、第2回目を出すことになった。

「2回目はいったい、どんなDMを出せばいいのか?」という質問がくる。

この答えは、簡単である。見出しを変えるだけでいい。

今まで見出しは、**「お願いがあります」**だった。これを**「お忘れではないですか?」**という見出しにするだけでいい。つまり、ほとんど作業はいらない。

「一度うまくいったDMは、若干手直しすると失敗する」。このようにアドバイスしたら、いつの間にか「好評につき○月×日まで延長キャンペーン実施中」という見出しがついていた。これで、**すべてが台なし**になる。なぜなら、延長キャンペーン実施中とやったら、「ああ、キャンペーンやっているんだな」と思って、文章自体を読み続けなくなるのだ。

だから、「お忘れではないですか?」と入れるだけでいいと、再度、アドバイスをした。

すると、今度は、どんな見出しになっていたかといえば、**「準備は進んでいますか?」**という表現になっている。「お忘れではないですか?」というのはあまりにも高飛車なの

で替えたというのだ。

しかし、「準備は進んでいますか?」というのは、ほかの多くの業者が電話での売り込みのときに使う表現である。だから読んだ瞬間に、「また、学生服の売り込みだ」と思われる。ギャップが生まれないから、反応が低くなる。そこで、「お忘れではないですか?」と替えるほうがいいと、再々度、アドバイスをした次第だ。

まぁ、以上の通り、売上を上げるために効果的な方法をやろうと思うと、必ず社内で現状維持勢力からの抵抗にあう。**そこで、「ちょっと現実に合わせよう」とする。これが「間違いのその4」。**

なぜかといえば、**顧客獲得というもっとも重要な作業が、社内事務というルーティンワークの犠牲になる**からだよ。いいですか。会社を潤すために、一番重要な作業は、お客を増やすことです。それを事務の都合で犠牲にされちゃったら、結局は会社自体が成り立たなくなってしまう。

社内からの抵抗。それは売上増の予兆なのだ。

反応を高める5つの原則
～DMの基本。なくてはならない要素のまとめ～

本章の最後にご紹介するのは、DMに必須の要素がすべて整った成功事例の解説を行った記事。DMのみならず、すべてのPRにおける顧客の反応＝「どうしたら振り向いてもらえるか？」「どうしたら信頼を得られるか？」「どうしたらアクションを起こしてもらえるか？」を考えるうえでも有益なトピックである。

●反応の高いDMとは？

成功しているDM（83ページ参照）。封筒を開封してみると、中身も参考になる点が多い。とくに重要な点をまとめると、次の５つである。

1．対象客の明確化～道で呼びかけられたら振り返るかどうか～

セールスレターの見出しは、「○○学園高校新二年生の皆さんへ」。

読み手が「これは、自分のために送られてきた手紙なんだ」と思うと、反応率が高くなるというのは、DMの一番重要な原則。どうすれば、そういう効果を出せるかといえば、十分に対象を絞り込んだ場合である。

たとえば、駅前で「高校生の皆さーん」と呼びかけても反応は薄い。しかし「○○学園高校新二年生の皆さーん」と呼びかければ、その対象となった人は、必ず振り返るだろう。DMも、それと同じなのだ。

2. 最終行動にいたるまでの、全ステップを記載

セールスレターの最後には、次のステップへ明確な指示が書かれている。「ご検討ください」とあいまいな表現が使われているわけではない。**「ご両親様とご相談して、フリーダイヤルへ電話し○○と伝えて下さい」と、きわめて明確な行動**を起こしてもらうようにしている。

つまり、お客に「今すぐ電話を」というだけでなく、「ご両親と相談して」↓「フリーダイヤルに電話をして」↓「○○と伝えて下さい」と、最終行動にいたるまでのステップも明示しているのだ。

私のところに相談で持ち込まれるチラシ・DMのほとんどが「今すぐ○○を！」のひと

[redacted]学園高校の新二年生の皆さんへ

← 資料1-4

ここに ケイ光ペンで アンダーラインが引いてある

いよいよ二年生ですね。
これから、英数国理社どの教科も難しくなりますね。
皆さんは、[redacted]学園の授業対策やテスト対策に精通した
“[redacted]ゼミ”があることを、ご存知ですよね。

◇部活が忙しく、効果的な勉強法がないか探している君！
◇二年の勉強に付いていけるかな、と内心不安な君！
◇塾に行っているのに成績が上がらず、途方に暮れている君！

おまかせ下さい，[redacted]ゼミに ！

“[redacted]ゼミ”は、先生がお持ちの指導書から作った***教科書超ピッタリの、100%の全訳・解答・解説***があるんです。
更に生徒間で人気沸騰の***定期考査専門の予想問題***があるので、これさえやっておけば試験対策はもう安心。
そのうえ、分からないところはすぐに***FAXで教えてもらえる***のです。

平均評定の1.0くらい、すぐに上がってしまいますし
推薦には絶対的な効果があります。

詳しいパンフレットが入っていますので、よくご両親様とご相談して、フリーダイヤルへ電話をし ○ ○ と伝えて下さい。

資料1-5 行動に至るまでの全ステップ

尚このお手紙は、[redacted]学園の２年生の皆様にお出ししているのではありません。
今年卒業した生徒さん、現在実施なさっておられる方のご紹介があった生徒様にのみご紹介しているものです。よって、こちらからの失礼なお電話は一切致しておりません。 部活をしていても、常にクラスの３位以内、安心してできるシステム（大学対策）ですのでお気軽にお電話下さい。

資料1-6 対象を限定する！

はじめまして、担当の○○です

高校教師を経て企業の管理職
を歴任、現在に至る。
正義感あふれる熱血派で
元ハンドボールの名選手。
明朗、気さく、実は大の聖物。

[redacted]学園担当
合格アドバイザー
○○ ○○

← 資料1-7 タイトルに注目

（原文ママ）

言を忘れている。○○を埋めて、次の行動を明確化することは、お客に行動を取らせやすくすると同時に、広告を制作するうえでも、その目的をはっきりさせるという理由できわめて重要だ。

3．読み手に優越感を感じさせる、絞り込みのテクニック

このセールスレターは、最後に読み手に優越感を感じさせる、非常にうまい絞り込みをしている。

「このお手紙は○○学園の2年生の皆様にお出ししているのではありません」

この1行が、効果的である。

売ろうとしている商品を魅力的に説明して、お客に「これは、なかなかいいかもしれない」と思わせたあとに、その商品を買える権利のあるお客を限定する。この絞り込みのテクニックは非常に効果的で、面白いぐらい相手の行動を誘導できるので、1回使うとやめられない。

先ほどのフレーズの派生系としては、次のような文章が考えられる。

「これほどのご提案は、もちろんすべてのお客様にできるわけではありません。上得意様のみの限定企画となっておりますので、ご来場の際には、必ず本状をご持参ください」

このように〝全員に出しているのではない〟という点を強調する。

事例のレターの中では、**「現在実施なさっておられる方のご紹介があった生徒様にのみご案内しているものです」**という表現があるが、これは非常にうまい方法だ。最近では、いきなり個別学校の生徒にDMを送ると、「いったいどこから名簿を入手したのか」とクレームになる。そこで、適切な対応を取っている。

4．安心感を持たせるための自己プロフィールと肩書き

最後に「自己紹介」の欄があるが、この自己紹介で自分の情報を出せば出すほど、読み手に親近感を感じさせることができる。

たとえば、自分の家族のこと、生い立ち、失敗談を書くと、とくに効果的だ。

さらに面白いのは、「○○学園担当合格アドバイザー」という肩書き。○○学園担当とはいうものの、当然、担当している高校は何十もあるのだろう。つまり、お客に応じて、肩書きを替えるということをしている。合格アドバイザーとは、要するに、営業マンである。

このように、お客に対して、自分をどのように見せるかという点を工夫している。先日1人で年間1億円ものメガネを売っている営業ウーマンに会ったが、彼女の名刺には「眼鏡コンサルタント」と書かれていた。

あなたの名刺に「営業」と書かれていたら、大きな間違いをしていると思ったほうがいい。

5．ダイレクトメールではなく、パッケージ

以前のニュースレターでも書いたが、ダイレクト・マーケティングのプロは、DMを「ダイレクトメール」と呼ぶのではなく、「ダイレクトメール・パッケージ」と呼ぶ。すなわち重要なのは、メール（手紙）だけではなく、封入物全体。行動を起こさせるために、必要な要素がすべて網羅されていなければならない。

今回の事例は、まさに〝パッケージ〟と呼ぶのにふさわしく、1通のDMに必要な要素がすべて網羅されている。

・セールスレター

セールスレターというのは、短ければ短いに越したことはない。

しかし文章の長さが問題なのではなく、もっとも重要なのは、行動を起こさせるために必要なことをすべて書くことである。

行動を起こさせるためには、120％の説明をしなければならない。そうなると、通常は1ページでは収まり切れない。

そこで、優れたセールスレターは、たいてい2、3枚になることが多い。

・レスポンス・ツール

「無料体験説明会開始！」というのは、工夫したなぁと思わせる部分である（次ページ参照）。説明会といいながら、実際には、「どういうものか見せに行くものです」と書いてある。すなわち、通信講座の営業訪問を無料体験説明会と呼んでいるわけだ。この体験説明会に参加してもらうことが次へのステップとなる。

このように、次へのステップを踏ませるツールのことを「レスポンス・ツール」と呼んでいる。この事例では、B5判の紙で説明しているが、通常は、財布に入れられる大きさの比較的厚めの紙を使う。なぜなら、保存性を良くし、最終アクションを取ってもらうために目立たせるためである。

・お客様の体験談

このパッケージの中には「○○○○ゼミ体験談」も入っている。

体験談を作成する際のポイントは、本当にお客が書いたんだという真実味を持たせることである。

無料 体験説明会 開始！

（説明会は内容がどういうものか見せに行くものです）

◎ 教科書超ピッタリの画期的システム

◎ 君のクラスの授業に合わせて必要な
所が、いつでも勉強できるよ

◎ なんと、８０％以上も当たる中間・期末の
予想問題もついている！

◎ “[redacted]”を始めたら、一夜漬けで100点
とれちゃった！

◎ [redacted]で センター試験対策は完璧！

◎ 推薦対策100％０Ｋ！

◎ 部活をやっていても、楽らく０Ｋ！

部活をしていてもつねにクラスの３位以内
安心してできるシステム（大学対策100％）

・・・と君の期待にズバリ応えるシステムなのだ！

♪ くわしくは電話で聞いてみよう（月～土曜日）

フリーダイヤル ０１２０－

フリーダイヤルでの受付時間は、AM 10:00～PM 8:30 です。

担当 ： 合格アドバイザー ○○ ○○

（原文ママ）

だから、体験者の署名をイニシャルとすることは、致命的な間違いとなる。イニシャルを使うぐらいだったら、入れないほうがいい。

原則はフルネームを使う。職業を記入する。居住地を記入する。要するに、できるだけ詳しく、体験者のプロフィールを記入するのである。極端な話、電話番号さえ記入することもある。そこまで徹底するほど重要だということだ。

現実的には、本名が使えない場合は、仮名にて、できるだけ手書きの文章を記載する。そして、次の文言を加える。

「プライバシー保護のため、仮名にて掲載させていただいております。なお、本体験談の原本は、すべて事務所に保管しております」

まぁ、「お客様の声」は、多ければ多いほどいい。

・商品説明リーフレット（もしくはカタログ）

リーフレットやカタログを封入するが、目的は、会社としての信頼性を確保するためである。その内容は、ほとんど反応率に影響を与えないので、４色カラーのものが何かしら入っていればいい。

ちなみに、カタログにお金をかけると、まず失敗する。きれいなカタログを作りたくなる誘惑に駆られるが、なんとしても抵抗しよう。カタログを作る場合は、対象顧客が購読している雑誌のレイアウトをできるだけマネすること。

・「できる」「なれる」という表現を使う

○○○○ゼミの特長が20項目にわたって書かれている（次ページ参照）。

この〝特長の書き方〟にはポイントがある。「○○できる」「○○なれる」の、○○の部分を埋めていくようにするのだ。このような表現を使うことによって、読者に商品（もしくはサービス）を使っているところをイメージさせやすいという効果がある。

人間は、頭の中のイメージを作ったあと、それを行動に移すのだ。

・数字を含んだキャッチフレーズ

キャッチフレーズは具体性が必要である。

「塾よりも経費は安く　効果は2倍!!」というキャッチフレーズ（92ページ参照）。きわめて分かりやすいと思う。

資料1－8
○○できる、○○とれる！

[redacted]の特長

1．君の高校の授業に１００％対応したシステム。
2．指定高校限定の人だけがもらえるチャンス！
3．教科書完全解説の“マスタープリント”がもらえる。
4．必ず出題される定期テストの㊙予想問題が手に入る。
5．先生が教えようとしている内容が分かる。
6．先取り授業が出来る。
7．予習・復習が簡単にできる。
8．重要項目が分かる。
9．授業が楽しみになる。
10．内申アップができる。
11．指定校推薦がとれる。
12．センター試験対策になる。
13．現役合格ができる。
14．部活で忙しい生徒でもＯＫ.
15．継続性の不安がない。
16．自宅にいながら、好きなときにいつでもできる。
17．ＦＡＸが無料で借りられる。
18．就職でも有利。
19．親に「勉強しなさい」と言われなくなる。
20．アルバイトで忙しい君でもＯＫ。

（原文ママ）

塾ではないよ！
教材・通添でもないよ！

◎現役で進学を考えている人にはこの方法しかないよ

マスタープリントで授業の内容がわかっちゃう

※先生の指導書から作ってあるので 授業とピッタリ同じだよ

↓

君 に は 授 業 が 復 習 だ ！

※授業が完璧な復習になるので この時点で理解・定着ができちゃう

↓

ヤッター、100点とれちゃった!!

※君が分からない所はプロの先生が分かるまで教えてくれるので安心

評点5.0も夢じゃない

☆成 績 を 上 げ て
推 薦 を 取 ろ う

☆教科書・授業の完全理解で
センター試験は8割以上得点OK

◎価格は下記の通りです（月額）

月々 8,400円から

（英・数・国・理・社の教科数で月額が変わります。自分の苦手な教科を取り入れるのも一つの方法です。）

◇塾よりも経費は安く 効果は2倍！！ ← 資料に 9 数字を 入れることで ぐっと具体性が高まる。

フリーダイヤル 0120－

（株）[redacted] 合格アドバイザー ○○ ○○

（原文ママ）

その理由は、「2倍」という数字にある。簡単にいえば、〝数字〟を入れることによって、キャッチフレーズはぐっと具体性を増す。

たとえば、「経費を削減します」というのは、効果的なキャッチフレーズにならない。しかしこれが**「あなたの経費を、90日以内に、最低でも17％削減します」**だと、ぐっと効果的になる。

「地域一番店」というのも、具体的なキャッチフレーズではない。**「当店は、取扱いメーカー数71社、平時在庫商品点数４７３点、在庫量でも取扱い商品数でも地域で一番。当店になければ、ほかのどこに行ってもありません」**と数字を見せることによって、「信憑（しんぴょう）性があるな」とお客に思わせる表現になるのだ。

以上、今回は非常に面白い事例があったので、新規顧客を獲得するためのダイレクトメールについて詳しく説明した。

最後に強調しておくが、反応率の高いチラシやＤＭを作る最大のコツは、読み手に、**「ああ、これは自分のために書かれた手紙だ！」と思わせること**である。

そのためには、対象をキチンと絞り込まなければならない。

とはいうものの、たいていの商売人は〝すべての商品を、すべてのお客に売り込む〟という習慣ができているので、お客を絞り込むことができない。

そこで実践会では、まず次の文章の○○の部分を埋めて、お客を絞り込むことをお勧めしている。

「○○で、○○の方に、緊急案内！」

たとえば

「高砂地区で、２世帯住宅を検討している方に、緊急案内！」

という具合である。

この○○の部分を埋めるとなると、どうしても対象を限定せざるを得ない。そして「緊急案内」といっているのだから、緊急性を持った情報を伝えざるを得ない。

このきわめて簡単なテクニックによって、対象顧客を明確にし、緊急性を意識した、売れる文章を書くことができるようになる。

悩んだら、使ってみよう。

第2章

「禁断のDM」編

DM（ダイレクトメール）は、もはや時代遅れの手法だろうか？
もちろん答えは〝ノー〟だ。
今そのエッセンスは、インターネット上で販売するための
ダイレクト・マーケティングの根幹を成すものだ。
本章では、ダイレクト・マーケティングに必要な考え方が、
すべて詰まった事例を大公開する。

無料でお客に仕事をしてもらう方法
～数々のテクニック……あなたはいくつ分かるかな？～

ＤＭは、基本（前章参照）さえしっかり押さえておけば、あとは各々の会社が、思い切り会社の〝個性〟を発揮すればいい。ポイントは、中に封入するセールスレターでの「表現力」と、「いかにして顧客を巻き込むか？」ということ。多くの成功事例を持つ実践会員「じじや」の事例を元に、個性的で、しかも理に適ったテクニックを紹介する。

さて、今回もすごいエントリー作品が寄せられている。さっそく紹介しよう。

実践会のマーケティング*を実践するには、エネルギーがいる。このエネルギーのかたまりなのが、干物屋「じじや」の秋武社長である。

これまでにも「バナナの叩き売り*」を披露してテレビから取材を受け、それを集客に活用するなど、超優れたセンスを見せつけてきたが、最近、素晴らしいＤＭがバッチリ決まっている。

98、99ページのＤＭは、お中元商品の案内だが、誰もが実践したくなる楽しいＤＭである。

実践会のマーケティング：神田昌典が提唱するダイレクト・マーケティングを実践→その実践例を会員同士がシェアすることにより実績を上げていくまさに「最先端」のシステムであった。

バナナの叩き売り：なぜバナナの叩き売りなのか？　は、184ページ参照。

このようなDMのことを「セールスマンシップ・イン・プリント」という。

要するに**〝印刷された営業マン〟**ということ。この文章を読むと、まさに店頭で商品を売る秋武社長の声が聞こえてきそうじゃないか？

実践会テクニックがばりばりのうれしいDMだが、さて、いくつテクニックが使われているか、あなたは数えられるだろうか？

■テクニック①

見出しで引きつけ、本文中に誘い込む

まず工夫として素晴らしいのは、次の表現。

「能書き抜き！　とにかく、お中元はじじやにお任せ下さい！　でも、どうしても能書きを聞きたい人は、読んでください」

これは、お手本として公式化できる素晴らしい表現だね。

「能書き抜き！　とにかく○○は、弊社にお任せください。でも、どうしても能書きを聞きたい人は、読んでください」

使っています。塩と水を毎日継ぎ足し、丹念にかき混ぜて使わないといけません。魚のエキスが十分に染み込んでますので、魚本来の旨みを生かした、干物が出来あがります。

今回の詰め合わせも、じじや伝統の干物作りで自慢の出来るものばかりですので、安心してご利用下さい。

「夏の夜長、じりじりと干物を焼く。
ビールと一緒に、アツアツをフーフーしながら食べる。
うまい！」

じじやでは、お中元として干物をご利用頂いた限りは、贈り物として受け取った、先様から「おいしいものを有難う！」とか「こんなにおいしいなんて、びっくりした」など、ぜひとも唸っていただきたいのです。
また、贈り物に使ってくださった、あなた様に、「やっぱりじじやにしてよかった」と、言ってもらえるような仕事をしたいと思っております。

その証拠に、じじやでは、**「商品完全保証」**を、させていただいております。
『お客様の理由いかんにかかわらず、返品・交換・返金に応じます』
（ただし、完全なお客様の間違いの場合は、通常宅配便送料をご負担下さい）

干物が、まずかった。でもかまいません。これは、干物を製造直売するものとしての自信であり、また、責任であると思っております。他の会社によくある、「生ものにつき、返品はご容赦下さい」なんてことは言ってられません。とにかく、じじやに完全にお任せいただきたいと思います。

さて、今回の**「期間限定　お中元向け特別詰め合わせ」**は、通常の詰め合わせ料金よりお得な上に、さらに、全国発送送料もじじや負担で作らせて頂いております。毎度の事ながら、じじや太助が嫁サンに「赤字になる！」と、ひどく怒られる企画です。
（でも、毎年、お中元とお歳暮に皆さんに頂だく、おいしかったのお手紙などを見ると機嫌がよくなりますが・・・）

ぜひ、お中元には、この特別企画のセットをご利用下さいませ。

ご案内遅くなり、申し訳ありませんでした。梅雨のじめじめした季節ですが、お身体に十分お気をつけの上、ご自愛下さいませ。

店主　じじや太助

追伸　大変人気のセットです。すでに、多くの予約を頂いております。毎年のことで、数が足りなくなってお断りすることがございますので、今すぐ、ご予約下さい。もちろん、キャンセルは自由です。（発送日、３日前まで）

ご注文は、今すぐ！

ご注文おまちしております～す。
店員一同

一刻も早く！
ご注文電話番号　通話料無料　フリーダイヤル　**0120-159-889**
＊この商品の受け付けは　8月10日までです。

（裏面もお読みください→）

— 680 —

（原文ママ）

お中元セットのチラシは
黄色い紙
お客様の声は
ピンクの紙に
あります。
じじや
二代目 じじや次助

能書き抜き！とにかく、お中元はじじやにお任せ下さい！

でも、どうしても能書を聞きたい人は、読んでください。

たいへん申し訳ございません。やっと、お中元用特別セットのパンフレットをお送りさせていただきます。すでに、ご予約頂いているお客様には、大変お待たせ致しました。今年もまた、**「全国送料じじや負担の無料！」**にて、お届けさせていただきます。

さあ、今年の夏。じじやのお中元で、先様に「うまい！」と唸っていただきましょう。

前回のお歳暮の時ご利用頂いたお客様から、大変評判がよく、
「お中元のカタログはまだ来ないのか！」
「内容はとにかく、先に予約をさせてくれ」（まだ、品物も決まってないのに・・・）
などの、お叱りのお言葉をたくさん頂いております。昨年度も、最終的に数が間に合わず、ご迷惑をおかけ致しました。すでに、多くの皆様からの先行予約を頂きまして、大変うれしく思っております。製造のほうも、フル回転で準備をしている状況です。

私と致しましても、できるだけ皆様に早めにお伝えして、お中元の準備を終わっていただきたいとは思うのですが、何しろ相手が海のもの。しっかりと、ご注文にお応えできるだけの品数が確保できるかどうかを、ギリギリまで見極めないとならないため、どうしてもカタログ発送が遅れがちになってしまいます。

これは、半年や一年も前から、企画を組んで準備をする大手の通販会社や量販店との大きな違いです、その時出来るだけ旬のものをお届けしたいがためです。
チラシにしても黒一色刷りで大急ぎの状態で、作らせて頂いております。

さて、言い訳はそのくらいに致します。今回の「お中元用特別セット」は、夏らしい旬の魚を取り揃えております。じじやとしても、とても自信のいく詰め合わせとすることが出来ました。今現在、朝市場に揚がる、獲れたて鮮魚をどんどん開いて、確保しております。定番の「霜降りあじ」と合わせて、きっと先様にも大いに喜んでいただけるものと思います。

じじやの干物の特徴は、なんと言っても、魚処、関門海峡や玄海灘ならではの魚を開いての、新鮮さです。さらに、創業３５年、関門海峡で培われた老舗ひもの専門店としての、味付けの技です。日本全国数ある干物屋の味の違いは、味付けの時に使う「塩汁（しょしる）」という塩水の違いです。

これは、お漬物の「ぬか床」のようなものです。じじやでは、創業以来の「塩汁」を

極秘情報 必見！ 6月23日 テレビ東京系列 （少しだけ）
「アド街ック天国」に、じじやが出ます！
土曜日、夜9時からです！ 見てネ!!
カレンダーに印を！

（裏面もお読みください→）

この公式を使って、あなたの商品に応じて、○○を埋めるだけでいいわけだ。

このような見出しがあって、能書き（本文）を読もうとしない人がいるんだろうか？

■テクニック②
文章の冒頭で、相手に対するメリットを伝える

最初の段落に、相手に対するメリットが明確に表示されている、ということに注目。

「全国送料じじゃ負担の無料！」

たいていの〝長いDM〟〝長いセールスレター〟は、冒頭ですぐに〝お客のメリット〟が伝わってこない。

もっといえば、DM（あるいはセールスレター）の導入部では、お客にそのDMを読み続けるメリットを提示しなければならない。

その点、このDMは、気持ちがいいほどメリット感が冒頭に現れている。

それも「無料」というものである。

この「メリットがある・ない」の違いが分かるだろうか？

■テクニック③ 相手の本当のニーズとウォンツを理解する

次に素晴らしいのは……。

「先様に『うまい！』と唸（うな）っていただきましょう」

という表現。

これは、簡単そうに見えて、けっこう多くの人が見逃してしまうポイント。

ほとんどのギフトのＤＭが「商品の良さ」「価格の安さ」を強調している。

しかし、この「お中元商品」の場合、贈る側（お客）の本当のニーズとウォンツ*は何か？

〝おいしいこと〟を求めているのではない。「選ぶのが簡単」で、そして「贈った先が喜ぶ」ということが、本当のニーズとウォンツなのである。言い換えれば、「このギフトなら、難しいあの方も、にっこりする」ということである。

このように最終消費先（エンドユーザー）が〝お金を出す人ではない〟という場合は、いったい誰を唸らせるのか、をしっかり確認する必要がある。

じじやのＤＭでは、先様（エンドユーザー）を喜ばすポイントを一度ならず、二度三度

ニーズとウォンツ：ニーズ（必要性）があり、かつウォンツ（欲求）があることが最強。必要性があるだけの商品は欲しくなるように工夫し、欲求だけの商品は、その必要性も訴えるべし。詳しくは『あなたの会社が90日で儲かる！』（フォレスト出版刊）参照。

と強調している。さすがである……。

■テクニック④ すべての欠点は、長所である

「お中元の案内が遅れた」ことの理由が書いてある。

「大手量販と違って、商品が新鮮だから、どうしても遅れてしまう」

という言い訳をしている。

もっともらしく聞こえる。しかし、実際のところは、単に忙しさのために毎年遅れるのかもしれない。

要するに、**どんなことでも、言いようによってはメリットになる**、ということ。

しかし、多くの場合、「こんなに案内が遅れちゃ、もう買ってくれないよ」と初めからあきらめてしまう。小さな会社は、自分の弱いところを、すべて強みに言い換えるべきである。大企業を上回るメリットが必ずあるのだ。

テクニック⑤
視覚、聴覚、触覚を描写する

DM裏面について、「夏の夜長、じりじりと干物を焼く。ビールと一緒に、アツアツをフーフーしながら食べる。**うまい！**」という表現がある。

これが、重要。

人間には「視覚で反応するタイプ」と「聴覚で反応するタイプ」と「身体で反応するタイプ」の3種類のタイプが存在する。だから、この3種類のすべての人に当てはまるように……、つまり3種類のすべての人が反応するようにと、DMの文章には、擬音や、視覚、感覚を盛り込んで表現していくことによって、読者を急速に引き込むことができる。

これがプロの使う「反応を得るための文章テクニック」だ。

テクニック⑥
商品に対する自信を確信させる保証の表現

じじやのDMは「商品保証*」の表現がピカイチ。

商品保証：顧客の購買へのハードルを下げるために、各種の「保証」を考えることは、神田昌典のマーケティングの常套手段。詳しくは『不変のマーケティング』（フォレスト出版刊）参照。

普通の保証は〝商品品質に対する満足〟を保証する。
それに対して、じじやのＤＭは商品に対して満足を「確信」させる。ここが違いである。

他の会社によくある、「生ものにつき、返品はご容赦下さい」なんてことは言ってられません。とにかく、じじやに完全にお任せいただきたいと思います。

この文章が、品質に関する確信を強めるのだ。

■テクニック⑦
追伸で、緊急性を打ち出す

追伸では、ご存じ「ＰＡＳＯＮＡの法則」（問題の明確化―問題の炙り立て―解決策の提示―絞り込み・緊急性―行動への呼びかけ）の、決め手のフレーズ＝「緊急性を出すためのテクニック」をこれでもかというほど使っている。ぜひ、参考にしてほしい。

■テクニック⑧ 贈った人ではなく、贈られた人の喜びの声

秋武社長、これは「DMマスター」の域だよ……。

つまり、単純に、贈った人の声を集めるのではなく、贈られたほうが、喜んだ声を集めている（次ページ参照）。

このように、お客のウォンツを発見したら、徹底的に突く。妥協はしない。

■テクニック⑨ お客さんに仕事をしてもらう

109ページの封筒の表を見てほしい。

こりゃすごい。お客から寄せられたイラストを封筒にデザインしている。つまり、お客さんに仕事をしてもらう、ってこと。

う〜ん、まさに実践会のアカデミー賞エントリー作品*のようである……。

しかし、そうやってコミュニケーションをとることが、お客の満足度に跳ね返ってくる

アカデミー賞エントリー作品：神田昌典のニュースレターに寄せられる実践事例は、毎年１回開催された「社長のアカデミー賞」（小阪裕司氏主宰の「ワクワク系マーケティング実践会」との共同開催）へのエントリー作品とされた。「会員さんのがんばり」が、そのままニュースレターのネタとなっていたわけ。

◆◇

嬉しいお便りありがとうございます。贈り物の参考にしてください。

じじやのひものを「贈ってくれて、ありがとう」の声

「じじやのひもの」を贈り物として受け取った皆様から嬉しい喜びのお便りを沢山いただいています。
そのほんの一部をご紹介いたします。

◆◇

人生の大先輩からお送り頂き、たいへん美味しく賞味させて頂きました。地域の特性のある品種も味わうことが出来まして、**家族一同大喜びで頂き友人にもおすそ分け**して喜んでいただくことが出来ました。ありがとうございました。

大阪府　山根川さま

とってもおいしい魚、**毎年楽しみにしています**。ので、カタログ送ってください。遠いですけど、お待ちしてます。

岐阜県　小川さま

北九州の弟より「じじや」の干物を送ってきました。九州出身（福岡・佐賀）の私達夫婦は、とても**懐かしくもあり、昔ながらの美味しい味に久しぶりに逢え、とても感激致しました。**
これからもこの味をいつまでも守ってください。
『継続は宝なり』貴社の益々の発展を祈っています。いい味をありがとうございました。

愛知県　石橋さま

下関に住んでいる弟夫婦に送ってもらいました。今回で二度目ですが、**たいへん美味しく品数も多く、歳老いた義母も喜んで食べてます。**
私共は、山間に暮らしてるので魚介類は貴重品です。益々、おいしい魚を作ってください。

熊本県　橋本さま

お歳暮として霜降あじを宗像市のほうからいただきました。**特別おいしくいただきました。**
他に商品がありましたら、単価共々お知らせ下さい。

大阪府　男澤さま

この度は、貴社の家訓そのままの味をおいしく食べさせて戴き、ありがとうございました。今回は、**知人からの贈り物でしたが、ぜひ、もう一度味わって見たい**と、主人共々思っております。
フリーダイヤルをメモして、ペンを置きます。ありがとうございました。

長崎県　水谷さま

義弟が門司に居を構えて以来、**中元と歳暮に「じじや」の干物を送ってくるのが恒例となっている。夏と冬の楽しみのひとつです。**
酒の肴とすると杯が進むし、飯のオカズにすると・・・。口福。魚類が好きでいろんな産地のものを食べていたが、貴店のは、**文字通りパンフレットに偽りあらず。深く、懐かしい味がする。**いつもあるのではなく、便りとセットになった玄海の海の味が、口に心にしみこんで、うれしい。

宮崎県　三原さま

昨夜、知人がお酒と一緒に届けて下さいました。早速今夜「明太いわし」と「甘汐一夜干し」を頂きました。主人と二人暮しです。
昔、昭和28年～35年頃まで、門司市大里永黒（現在は門司区）の市営住宅に住んで、勤めは門司港の海上保安部巡視船の船長などしておりました。**とてもなつかしいです。**
明日もじじやの干物で美味しく頂けそうです。御繁盛お祈りします。

東京都　土肥さま

毎年戴きますが、今年は始めてのじじやさん―嬉しく思いました。
自然な味、自然な姿、香り。70代の私にとっては、なつかしく、楽しみな味です。**送って下さった方に感謝感謝です。**今後のご活躍祈ってます。

福岡県　杉永さま

じじやさま
紀州生まれの浪波育ち、お江戸を回って"しもつけ"の栃木県に4年前お嫁に来ました。生まれてからおいしいお魚ばかりを、あたり前のように食べていたのに、まさかの海無し県に嫁いでしまった私。
九州の知人から大あじを頂いた時、あまりの美味しさにびっくり。本当にありがとうございました。

栃木県　川原さま

九州・八幡に住んでいる方から、**歳暮に頂きました。とても美味しそうで、思わずつばをのみこみました。**しっかりした味は最高でした。正月料理の一品になり、とても満足しています。
八幡に13年間住んでいたので、**魚の新鮮さ、美味しさが忘れていましたが、じじやのひもので味を思い出しました。**
うまい。

千葉県　匿名希望さま

福岡に住む友人が、毎年暮に一夜干しを送ってくださいます。
私は何時も楽しみにしております。静岡、山口等友人からいただく干物とは、味が違います。毎年楽しみにしております。
この干物の味が変わらないように、祈っております。今年も美味しくいただきます。

東京都　須賀さま

一度、友人からいただいて食べました。**あじの開きが大変に美味しく、気に入りましたので、今回配送していただきました友人等に食べさせるつもりです**・・・カタログはありませんか？

福岡県　照本さま

大変よい品戴きました。喜んで戴きます。
貴社のご繁栄を祈念。

福岡県　竹中さま

ほどよい塩味　　　　いお味でした。
フライパンで　— 681 —　いつかなかったのですけど、ポン酢で食べても美味しかったです。ふりかけも一緒にいただいたのですけど、お茶漬けにはちょっとみそづけ等足して、ごちそうになりました。

福島県　野中さま

新鮮で薄味なのが良いと思いました。**包装にも魚に対する愛情が感じられました。**みりん味のもの、特に美味しかったです。

広島県　瀬戸さま

過去、各地から「ひもの」を買ってみたが、なかなかおいしい品にお目にかからなかったが、今回、九州の知人より送られてきた、**貴店の"ひもの"は、格別においしく食することが出来ました。**
塩味の加減もよく、是非、今後親戚などへも紹介したいと思っております。益々のご精進をお祈りします。

広島県　石井さま

先日、友人より貴社の干物を送って頂き、どこにも有る干魚と思い、あまり感動はせず、食してびっくり。**又、何とおいしい事かと感動致しました。**私は、ふだん唐津産、有明産等の干魚しか売ってないのでそれしか食べませんで、最近の干魚はあまりおいしく無いと思っていた矢先でした。
私は、子供の頃は家が海産物屋で育ったせいか、干魚の味はよく知っています。おかげ様で子供の頃の味を思い出させて頂き、ありがとう御座居ました。

福岡県　栗原さま

いつも娘からおたくの魚を送ってきます。やはり久留米で売っている商品と全然違います。
家族皆なで、おいしくいただいております。
これからもおいしい干物を作ってください。

福岡県　馬場さま

株式会社○○○の社長より送っていただき、昨年もですが、とてもおいしく頂だいいたしました。**又来年も送っていただけるよう、お願いいたしました。美味しいものは、美味しい。**
理由などいらないですね。さらなるご発展をお祈りいたします。

宮城県　川村さま

知人が以前頂戴して、**大変おいしく、東京ではなかなかこれ程のものは手に入らない**とお話したら、今年もまた送って頂きました。
肉厚で味も濃く気に入っています。

東京都　手塚さま

皆様からのうれしいお便り、本当にありがとうございます。
このようなお言葉に囲まれて仕事の出来る喜びをじじや太助はじめ店員一同感謝しております。

じじや太助

（原文ママ）

のだ。

■テクニック⑩
DM裏面のコピー

封筒といえば、もう1つのDMの裏に書いてあるコピー（109ページ参照）。これも開封率を高める工夫としては、ピカイチだろう。

「今晩、お風呂上りにでも、ゆっくりとお読みください」

というのは、小阪裕司先生のワクワク系マーケティング実践会の会員であるふとん屋さんが、開発した手法である。

しかし、このあとの「ふふふ、そんなあなた様には、今日一日、とても良いことがあるかも」というコピー。これはさらに、ふとん屋さんの方法を進化させている。ただ単にマネで終わらない感性は、すごいね。

■テクニック⑪ 次に売るものを、即座に考える

今度は、お中元を注文してくれた人に対するフォローDMである。

ここに儲けのための、最大のヒントがある。それは、「次に何を売るか？」ということである。

「次は何を売る？」

この質問をするかしないかで、売上が違ってくる。

多くの会社は、一度売ると安心する。しかし、違うのだ。売ったあとに、すぐ売らなければならない。妥協してはいけない。とにかくお勧めするのである。なぜなら、買う人は、〝買うものを探している〟からである。そして買えば買うほど、顧客満足が増えるからだ。

お中元を売ったら、普通の会社は、そこで終わり。しかしお中元で売ったとたんに、また売るのである。これがポイント。

「ガオレンジャー*ショー」「どれみちゃん*ショー」に集まったお客に、サイン会と握手会とかを売るのと同じである。

売ることに徹する。しかも、売ることに真剣だから、売られているほうも気持ちがいい。

ガオレンジャー：子どもに人気だった戦隊ヒーロー番組「百獣戦隊ガオレンジャー」。2001年2月～2002年2月までテレビ朝日系列で放映された。

どれみちゃん：子どもに人気だったアニメ番組「おじゃ魔女どれみ」。1999年2月～2003年1月までテレビ朝日系列でシリーズ放映された。

商売上手というのは、好かれるもんなのである。

いや〜秋武先生。あんたは、商売人だよ。これほどクオリティの高いDMを見て、久しぶりに感動した。ありがとう。いや〜実に気持ちがいいよね。

お中元に御使え
頂いた方に
再度の売込みDM
8/13出し

「じじら〜」からの、おいしいイラスト！

ごはん
おかわりーっ
もうないんですけど
カラッポ

福岡県田川市 石本みわさん の作品です

今晩、お風呂上りにでも、
ゆっくりとお読みください。

いや、私は、今すでにどうしても読みたい？
ふふふ、そんなあなた様には、今日一日、
とても良いことがあるかも。

じじや太助

門司港
じじや
北九州市門司区白野江2-12-25

通話料無料 0120-159-889
イッコクモハヤク
24時間受付FAX 093-341-2964
めちゃめちゃ人気のホームページはこちら→ http://www.jijiya.com/

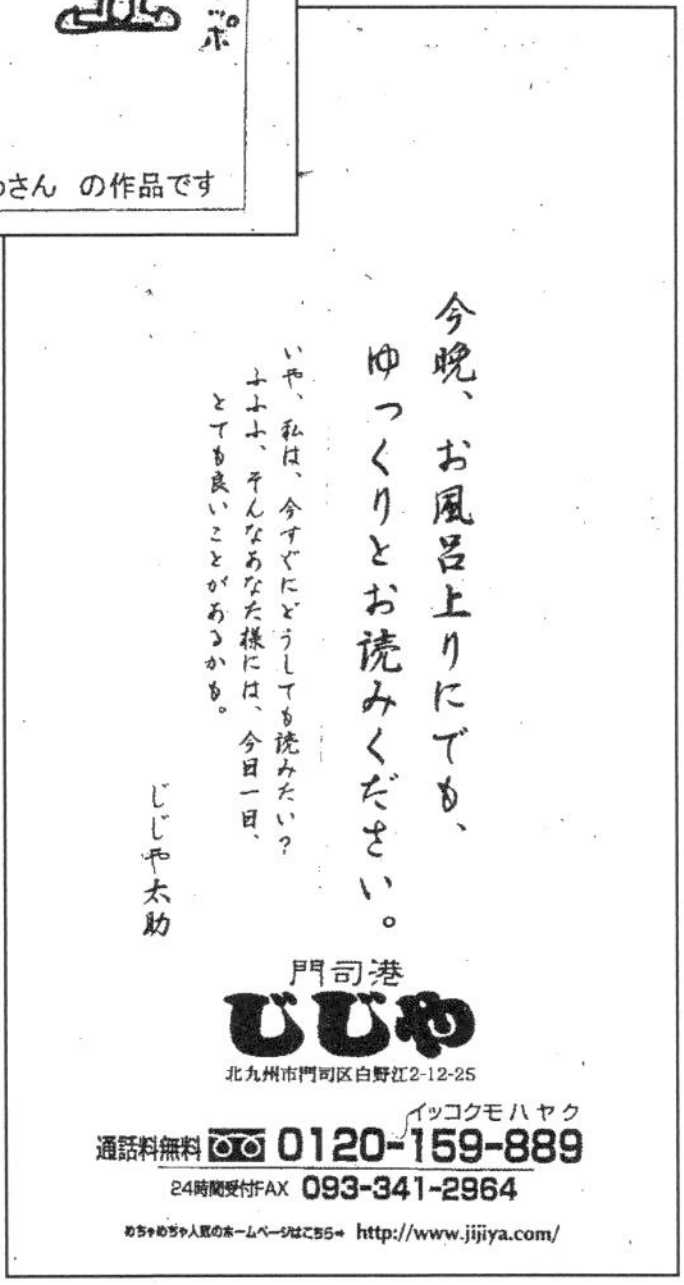

（原文ママ）

読まれるＤＭ・ゴミ箱直行のＤＭ

～ＤＭを面白くするコツ～

当然のことながら、どんなに顧客を絞り込んでも、どんなにお金をかけても、どんなに太っ腹な特典（オファー）を付けても、ＤＭはまず〝中身が読まれなければ〟何の意味もない。対象顧客が積極的に読もうとするＤＭ文章は、こうやって作れ！

●つまらないＤＭは、どんなお客も読まない

あるブライダルの貸衣装屋さんから相談を受けた。次ページのようなダイレクトメールを出したが、反応はゼロに近いということ。「20代の女性は、こんな字ばかりの長いＤＭを読まないのではないか？」と同僚からも言われているという。

ＤＭについて解説するのに良い例なので、ちょっとキツく感じるかもしれないが、直球でご回答させていただきたい。

いったい、なぜ反応がないのか？

突然のお手紙を差し上げる無礼をお許しください。

婚礼を控えた皆様へ

2000年7月8日
○○○○ブライダル
代表　○○○○

「ゆかたセット」プレゼントのご案内

拝啓　暑中お見舞い申し上げます。

私どもは、○○○○ブライダルと申しまして、○○市にて婚礼衣装を主としたレンタルブティックをしております。

婚礼を控えた皆様へ今回このようなご案内を出させていただいたのは、来る8月5日（土）より13日（日）まで「ドレス試着会＆ヘアメイク体験会」を行います。直営美容室のスタッフが、ドレスのコーディネートの仕方やお色直しのイメージチェンジ法など、皆様一人ひとりにあったスタイルをアドバイスさせていただきます。期間中は無料にて体験できますので、是非ご予約のうえ、ご来場ください。


さてタイトルの件ですが、今回○○○○ブライダルでは、イメージキャラクター作成により名前を付けることになりました。皆様に名付け親になっていただきたいと思っております。応募者の中から抽選で「ゆかたセット」をプレゼント。

ご応募は○○○○ブライダルホームページより簡単に受付できます。

7月31日締め切りとなっておりますので、かわいい名前を急ぎご応募ください。

自宅から、会社から、友人宅から是非アクセスしてみてください。

情報盛りだくさんの○○○○ブライダルのホームページをご覧ください。

アドレス　http://www.○○○○○○○○○○○○○

以上が、この度お手紙を差し上げた趣旨です。誠に、突然で勝手なお手紙で申し訳ございません。

皆様のお申し込みをお待ちしております。

敬具

追伸
7月24日発売『ゼクシィ 9月号』の岐阜特集に掲載予定ですので、ご覧ください。

文章が長いからではない。
ズバリ、つまらないからである。

このDMが何を言っているかといえば、次の通りである。

「『ドレス試着会＆ヘアメイク体験会』を行います」
⇒
（お客の感想）「あっ、そう。でも、なんで、うるさいほどDMがくるのに、わざわざあんたの会社にしなくちゃいけないの？　どこの会社でも、ドレスの試着は無料が当たり前じゃん」

「イメージキャラクター作成により名前を付けることになりました。皆様に名付け親になっていただきたいと思っております。応募者の中から抽選で『ゆかたセット』をプレゼント」
⇒
（お客の感想）「結婚式の準備で忙しいときに、なんであんたのとこのキャラクターの名前を付けなくちゃならないのよ。ゆかたセットがもらえるから？　そんなの欲しくないわよ。どうせ抽選なんだから、当たらないんでしょ」

「追伸『ゼクシィ9月号』の岐阜特集に掲載予定ですので、ご覧ください」

⇒

（お客の感想）「なんでわざわざ、あんたの広告見るために『ゼクシィ』買わなくちゃならないのよ」

つまり、お客が**このDMを読むメリットがまったくない**のだ。

繰り返すが、20代女性だから、文章を読まないのではない。

20代の女性が読む文章を書かないから、読んでくれないのだ。

「ドレス試着会＆ヘアメイク体験会」

のお知らせというよりは、

「『ブランドドレスを着た～い。でも値段は安くね』というあなたに、緊急のご案内です」

または、

「『どんなドレスにしていいのか、わからな～い』とお悩みのあなたへ。ウエディングド

レスなら県内品揃えNO.1のお店で、人気の新作ドレスをたくさん試着しちゃいませんか?」

としたほうがいい。

つまり、表現方法を20代女性の言語パターンに同調させることが必要なのだ。それができないのであれば、当然、販売できない。

それじゃいったい、お客の言語パターンに同調するには、どうすればいいのか?

一番手っ取り早い方法は、**対象となっているお客が読む雑誌を読む**ことである。

ちなみに私は、床屋さんや空港の待合室でどんな雑誌を読むかといえば、『女性セブン』『女性自身』『週刊女性』だよ。自分の生活にはあまり関係ないよなと思いながらも、面白いから読む。こういう雑誌には、女性の本音の欲求が見える。

そして、**とくに表紙の表現を研究する。写真を研究する。**

表紙の表現や写真は重要だよ。こういう雑誌の編集は、表紙の見出しや写真が販売部数を左右するから、まさにそこが真剣勝負だ。徹底的に女性の心を動かそうとしている。だから、きわめて参考になる。

相手を知り、相手の興味に合わせた文章を書くことが、DMの文章術の基本だ。

●DMは長いほうがいいのか？　短いほうがいいのか？

「長いDMは、面倒くさがられて読まれないんじゃないか？」

そんな意見がある。

もちろん反応が得られるのであれば、DMは短いに越したことはない。そのほうが紙代も郵送料も安くなるから。写真を見せるだけでお客を引っ張れる商品があれば、手紙形式のDMは必要ない。その写真だけを見せればいい。

たとえば、「藤原紀香が、○○（連続ドラマ）で着たウエディングドレスです。あなたも試着してみませんか？」なんていう直感的に分かりやすい商品を持っていれば、それでOK。なんの苦労もない。

ところが、多くの会社や店の場合、商品でライバル店と差別化できなくなっている。そこで、お客を来店させるためには、十分な説明をする必要がある。

だから、この貸衣装屋さんのDMの場合、次のような事項について、分かりやすく伝えなければならない。

①なぜ、いろんなところから売り込みがある中で、あなたの会社のDMを読む必要があるのか？
②なぜライバル店がたくさんある中で、あなたの店に行かなければならないのか？
③ホテルの衣装部に行けばラクで済むのに、なぜあえてわざわざあなたの店に行かなければならないのか？
④あとで来店すればいいのに、なぜ〝今すぐ〟来店しなくちゃいけないのか？
⑤来店すると、どんなメリットがあるのか？　来店しないと、どんなデメリットがあるのか？

これらの〝お客からの疑問〟について、納得できる回答をすべて用意しなければ（盛り込まなければ）ならない。

だから、どうしても1ページの短いDMじゃ説明し切れないのだ。

あなたのお店の魅力を、お客の立場に立って、伝えなければならないのだ。


それでは、あなたのお店の魅力って何だろう？

- **品揃えが県内でもっとも多いから、一度来れば、必ず合うドレスが見つかるのか？**
- **駅から近いから、仕事帰りに寄れるのか？**
- **下請けに出さないので、仕立てが良くて、価格が安いのか？**
- **貸衣装屋さんを3店回って、「これはいい」と見つけたものを言ってくれれば、それより安くできるのか？**
- **普通の貸衣装の価格で、クリスチャンディオールのブランドドレスが着られるのか？**
- **女優が着たドレスが着られるのか？**
- **新着ドレスとして雑誌に特集されたドレスの実物が見られるのか？**

要するに、お客の考えていることを、相手の立場に立って、深く深く掘り下げる……。この掘り下げる努力をしないで、表面だけで文章を作っても、そりゃ、うまくはいかないって。

「掘り下げるっていっても、どうやっていいか分からない」

という場合は、119ページから始まる「五月人形」*のDMに、自社の商品・サービスを当てはめてみてほしい。

このDMは、いわゆる「購買選択判断」を教える内容。このDMの「人形」というとこ

「五月人形」のDM：現物は横書きのもの。ここではレイアウトよりも文章内容を重視し、縦書きのものをじっくりお読みください。

ろを「ドレス」に替えてみる。必ずしもどんぴしゃで当てはめられるＤＭではないが、このＤＭを変更する過程で、少なくとも御社の魅力を掘り下げることはできるだろう。

なお、ＤＭの中には、セールスレターのほかに、お客様の声、ご来店優待クーポン券（もしくは、資料請求者限定、○○招待券）、カラーのリーフレット（カタログ）、今まで御社が紹介された新聞・雑誌記事があれば、その切り抜きを同封することを忘れずに。

五月人形なんて、どこで買っても同じ！私も以前はそう思っていました。でも、あの店員さんに教えられたことは……

「また五月人形のダイレクトメールか！」

五月人形をそろそろ選ばなくちゃならない。でも、ダイレクトメールを見るたびに、「どの店も同じだわ」「違うのは、価格と、社名だけだわ」

そう思われるのは、あなた様だけではありません。

実は十人中○人の方が、人形はどこでも同じだと思っているのです。その結果、買ってから、「○○しなければ、良かった」「これじゃ、○○だわ」「今からキャンセルできないかしら」と大変な後悔！

一方、「○○！　毎年、○○○○！」と喜びをかみしめる家族があります。

人形を買って損をする人、人形を買って得をする人。

その運命の分かれ道は、実に簡単なことにあります。まずは聞いてください。

私は（会社名）の社長をしております、○○○○と申します。はじめまして。

昭和○年○月。長女が生まれたときのことです。私はうれしさでいっぱいでした。そして、メリーゴーランドを買いに行きました。あの、天井からつるすおもちゃです。たかがおもちゃの買い物。でも、「限られた予算の中で、できるだけいいものを長女に買ってやりたい」と、何軒も何軒も玩具屋を訪ね歩きました。

ある玩具屋で、「天井からつるすメリーを見せてください」と頼みました。**すると、思いがけない答えが返ってきました。**

「天井からつるすメリーは、赤ちゃんの上にホコリを撒き散らすから良くないですよ。ペットメリーのほうが赤ちゃんのためにはいいですよ」

そう言って、価格の安いほうを勧めてくれました。普通のお店は売り上げのために、高いほうを勧めます。でもそのお店は、お客様の立場に立って、安いものを勧めてくれた。しかもそのメリーは、本当にいい品物でした。なんと三女まで使うことができました。

その出来事が、私が玩具屋を始めたきっかけとなったのです。

「長く使えるいい品物は、どう選んだらいいのか？」
「お客様のお役に立つにはどうすればいいのか？」
自分のことよりも、まずお客様が喜んでいただけることを考えること。それを肝に銘じ、社員にも徹底してまいりました。

おかげ様で、創業○年。ゼロからのスタートでしたが、お客様に支えられて、現在、○○県での一番店。**10人に○人は、当店でお買い上げいただいております。**

人形で一番店にはなりましたが、残念ながら、私どもは大きな広告宣伝を行いませんので、単なる玩具屋さんと思われています。そこでまだ多くの方が、（会社名）を一度も知ることなく、人形をお買い上げになっていらっしゃいます。

そこであなた様にお願いがあります。

人形を買って得をする人。そして、人形を買って損をする人。

その違いは、面倒くさがらずに、少なくとも3店は見て回ることなのです。人形は同じように見えますが、プロの目から言いますと、まったく異なります。実は素人が分からないような○○や、○○のところで手を抜いているのです。人形の良し悪しを見分けるには、このようないくつかのポイントがあります。そのポイントが、人形店を3店回れば、だんだん分かってくるのです。

私のお店で五月人形を買っていただきたいのは、やまやまです。でも、それはお願いいたしません。あくまでもあなた様のご判断です。**お願いというのは、とても簡単なことです。見て回る3店の中に、（会社名）を加えていただきたいのです。**

3店の中に、（会社名）を加えていただくメリットの、ほんの一部を紹介すれば、次の通りです。

メリット1　（来店するメリット）
メリット2　（来店するメリット）
メリット3　（来店するメリット）
メリット4　（来店するメリット）
メリット5　（来店するメリット）
メリット6　（来店するメリット）
メリット7　（来店するメリット）

以上は、ほんの一部のサービス例です。ご来店いただければ、もっと多くのビックリ特典をご紹介できます。

あなた様にぜひ、ご来店いただきたく、○○○展への招待状を同封いたしました。招待状の裏面をご記入いただき、担当の○○にお渡しください。先着○名様に、○○を進呈いたします。

お忘れないように、招待状は、今すぐお財布にしまっておいてください。そしてぜひ、お早目に（会社名）にお立ち寄りください。お会いできることを楽しみに、お待ちしております。

追伸　人形は高価な買い物です。お子さんにとっては、一生に一度のものです。慎重に選んでいただくためにも、ぜひ（会社名）を比較検討の1店に加えてください。

DMで反応を得る〝必殺〟の公式（フレーズ）

～あなたのDMが「無視できない」ものになるために～

顧客がDMに〝食い付く〟ためのコピーライティングテクニックを紹介する。もちろんここで語られる必殺フレーズは、DMのみならず、チラシや各種ネットマーケティングでも効果絶大。多くの会社が業績をアップさせた、覚えておいて損のないフレーズだ。

●無差別DMで、10％強の反応を得る理由

さて、またすごいDMをご紹介しましょう。

これはリフォーム会社のDMで、反応率がなんと10・6％もあった。

この反応率は、自社の顧客リストに出してもすごい数字ですよね。

ところがですよ……これはなんと、実は、リストへの郵送のDMじゃなくて、ポスティングなわけね。つまり〝全然知らないお客〟に対して送った手紙！

リフォームのチラシの一般的な反応率っていうのは、3000～5000枚に1件程度

じゃないですか？　つまり、パーセンテージでいえば、０・02％〜０・03％程度。これが10％になっちゃうんだから、すごいよね。

あと追いの電話で分からなかったそうだけど、開封率９％（次ページの封筒）。

「いや、これは土地柄、そういうことになったんだ」

と言ってしまうのは、簡単だよね。しかし問題は、なぜ、こんな異常な反応率が得られるのか、っていうことです。

どう思いますか？　いったい、このＤＭのどこがポイントになっているのか？

まずは、**オファー**[*]**が明確**だよね。「《〇温泉外来入浴券》を無料贈呈！」。もしこのオファーに価値がないものであれば問題だけど、開封率の高さから考えて、地元では価値が感じられるものであると思います。

オファーを作るときは、何でもかんでも無料にすればいいってもんじゃない。価値を感じられるものが無料であれば、そりゃ、お客はびっくりするわけ。

しかし、価値がないと思われるものを、いっくら無料にしたって、そりゃ、お客は反応しないですわ。「どうせたいしたもんじゃないだろう」と思うだけ。

オファー：「申し出」という意味だが、ここではマーケティングにおける「特典」、要するに「おまけ」のこと。

そこで、この会社は、価値を感じられるものをオファーにしたわけなんだけど、これが大正解でした。

さらに、次のサブタイトル（小見出し）がすごいわけです。

先着３６軒限定！

《[redacted]温泉外来入浴券》を無料贈呈！

下水道供用開始において

あなた様だけへ　＝＝＝重要なお知らせです＝＝＝

差出元：株式会社[redacted]事業部

（原文ママ）

◆工事の費用

皆さま「工事の費用」をご心配されます。しかし、一概には申し上げにくいのが本音です。具体的に当社の過去の実績を調べたところ、宅内配管のみの金額で、今まで一番安く済んだところは約６０万円でした。また、一番多い工事費の価格帯は、約８０万～１５０万円程度の工事でした。しかし、公共桝の設置場所と浴室・トイレ・台所の位置的関係や、排水計画の高さ設定によって、工事費用にかなりの幅が出ます。お見積りには「現状の下見・実測」が欠かせません。しっかりした調査をすることが大切だと思います。

◆工事業者によって、かなり差があるのでは…

一軒ごとの下水道計画確認（正式には排水設備新設等計画確認申請書といいます）の申請をする際、「見積書」「平面図（位置の計画）」「縦断面図（高さの計画）」「現状写真」を[redacted]市下水道課へ提出し、審査をうけます。審査に合格しないと工事ができない仕組みになっています。従って、業者間の見積りに、大きな差はあまりないと思われます。

◆資格を持った社員が工事を管理

当社では、１・２級の建築士・施工管理技士などの公的資格のほか、個人の経験をかんがみた独自の社内資格を持った者が責任を持って工事の管理にあたります。お打ち合わせの際には、皆さまの「生活」に関わるお考えをお聞かせいただくようお願いします。

◆特別案内、先着３６軒限定！！　【[redacted]温泉外来入浴券】を無料贈呈

今回のご案内で「宅内配管工事」をお申し込みの方に限って、「[redacted]温泉・外来入浴券」を先着３６軒のご家族に無料贈呈いたします。ご家族皆さまで元湯の気分をお楽しみください。なお、この入浴券は[redacted]温泉の旅館「[redacted]館」と「温宿[redacted]」でご利用できます。

◆【宅内配管工事】のお申し込み、お見積りのご依頼はハガキ、FAX、電話で…

さて、ここまで長くお付き合いいただいた方なら、「とりあえず相談してみるか」というお気持ちになった方もおられることでしょう。今すぐ、同封のハガキ（建築ご相談カード）か、FAX またはお電話にて【宅内配管工事見積り】をお申し込みください。
下水道の供用開始が始まりますと込み合うことが予想されます。
どうぞお早めにお申し込みください。

[redacted]社員一同、あなた様からの一刻も早いお申し込みの到着をお待ちしております。

謹白

株式会社[redacted]事業部

事業本部長　[redacted]

ご連絡先　　電話　：[redacted]　　FAX：[redacted]

（株）[redacted]事業部 … [redacted] までご相談ください。

（原文ママ）

≪先着36軒限定！≫[redacted]温泉外来入浴券を無料贈呈！

株式会社[redacted]事業部からのお知らせです。

下水道の供用開始にあたって、[redacted]市からの≪優遇制度≫があります。

いろいろな優遇制度の利用を考えてみましょう。

謹啓

大寒のみぎり、皆様におかれましてはますますご健勝のこととお慶び申し上げます。

突然このようなお手紙をお届けするご無礼をお許しください。

さて、市内では［[redacted]市下水道事業］が本格的に推進されております。それに伴いこの町内でも、来る4月1日から下水道の供用が開始されます。しかし、実際に下水道を使用するには、皆様の敷地に設置された公共桝（こうきょうます）に、宅内の下水道（風呂・便所・台所・洗面）をつなぎ込む工事（当社では、宅内配管と呼んでいます）をおこなわなければなりません。「工事期間中、トイレは使用できないの？」「お風呂は使えないの…？」「工事費用はいくらぐらいかかるの…？」「補助金が出るって本当…？」「お風呂や台所を新しくしたいな…」「トイレをもう一つ増やしたいわ…」「時期的に贅沢は避けたいけれど…」など、ご心配が絶えないことと思います。

◆お得な融資制度

[redacted]市民であれば次の制度が受けられます。

［下水道排水設備工事資金融資斡旋及び利子補給制度］がそれです。

市役所の下水道課、または、取扱い金融機関にお尋ね下されば、詳しく説明いただけます。一部をご紹介します。対象となる工事は、排水設備の新設工事・便所の水洗化工事・既設のし尿浄化槽等の取り壊し工事などが上げられます。融資金額の上限は**１００万円**ですが、この融資は**無担保**です。また、融資保証料を含んだ金利が4.7％（平成12年1月20日現在）で、供用開始後1年以内に融資を受けると**3.5％の利子補給**が、[redacted]から受けられます。
な、なんと1.2％の超低金利で１００万円の融資がうけられるのです。

「この際トイレに暖房を…」「キッチンを新しく…」「2階にもトイレを…」とお考えなら、この機会を逃すことはありません。快適な生活空間を、上手に整えてみてはいかがでしょう。

◆優遇制度がうけられる金融機関はどこ…

取り扱っている金融機関は、別紙参考資料のとおりです。各金融機関は、皆さまの大切な財産を預かっています。各金融機関ごとに、お得な「金融商品や優遇制度」があります。

この機会に「生活の夢」を描いてみるのも良いですね。参考までに、私どもで調べた情報をお知らせします。金融機関によっては、皆さまが利用されている頻度に応じた特典も用意されています。是非ご確認・お問い合わせください。

「下水道の供用開始にあたって、○○市からの《優遇制度》があります」

この一文。

これはね、私も最近、よくやるんだけど、

「あなたが○○なら、△△にご優待される権利があることをご存じでしたか？」

という必殺の公式ですから、覚えておくといいでしょう。

読者が○○に当てはまったときに、この広告を無視することは、人間の心理上、きわめて難しい。

たとえば、あなたが○○市市民であれば……。

「下水道の供用開始にあたって、市からの優遇制度があることをご存じでしたか？」

と訊かれたら、「えっ？ どんな優遇制度があるの？」と、知りたいと思うはず。

このように、見出しの目的というのは、読者に、**「この広告を読むことにメリットがある、ということを伝える」**ってこと。

さらにいえば、「この先の文章を読み進めれば、メリットがある、ということを伝える」

ことです。見出しに、わけの分からないイメージ表現や、自社の宣伝が載っていたら、それだけで失敗する可能性が高い。

●「タイミングが合う」とは、どういうことか？

こういったDMは、**タイミングが合うと、10倍どころか、一気に20倍、50倍という数字が作られる。**

考えてみると、当たり前。

「タイミングが合う」というのはどういうことかといえば、**顧客がイナゴのようにワーッといっせいに同じ行動をするということ。**

そういう**〝差し迫った必要性〟**があるってこと。

その差し迫った必要性が起こるタイミングを捉えれば、売れるわけですわ。それも、何倍も、売れる。

この間セミナーで、この「差し迫った必要性」についての話をした。セミナーの休憩時間に、参加者が何人もトイレに駆け込んだ。そしたらトイレで一緒になった人たちが、ジョーッてしながら、顔を見合わせた。１人がつぶやいた。

「ああ……これが差し迫った必要性かぁ……」

そうなんです。差し迫った必要性があれば、顧客はいっせいに動く。そのタイミングを捉えれば、チラシ、ＤＭの反応は、異常なほど跳ね上がる。

まぁ、このタイミングの話は、実に深いから、自社にどう応用できるか考えてみてください。

私、最近感じるんだけど、成功している人っていうのは、このタイミングの見分け方が非常にうまいんだと思っています。

郵便はがき

料金受取人払郵便

牛込局承認

9092

差出有効期限
令和7年6月
30日まで

162-8790

東京都新宿区揚場町2-18
白宝ビル7F

フォレスト出版株式会社
愛読者カード係

フリガナ お名前	年齢　　　歳 性別（ 男・女 ）
ご住所　〒 ☎　（　　　）　FAX　（　　　）	
ご職業	役職
ご勤務先または学校名	
Eメールアドレス メールによる新刊案内をお送り致します。ご希望されない場合は空欄のままで結構です。	

フォレスト出版　愛読者カード

ご購読ありがとうございます。今後の出版物の資料とさせていただきますので、下記の設問にお答えください。ご協力をお願い申し上げます。

● ご購入図書名　「　　　　　　　　　　　　」

● お買い上げ書店名「　　　　　　　　　　」書店

● お買い求めの動機は?

1. 著者が好きだから　　2. タイトルが気に入って
3. 装丁がよかったから　　4. 人にすすめられて
5. 新聞・雑誌の広告で(掲載誌誌名　　　　　　　)
6. その他(　　　　　　　　　　　　)

● ご購読されている新聞・雑誌・Webサイトは?

(　　　　　　　　　　　　　　　　　　)

● よく利用するSNSは?(複数回答可)

□ Facebook　□ X(旧Twitter)　□ LINE　□ その他(　　　　　　)

● お読みになりたい著者、テーマ等を具体的にお聞かせください。

(　　　　　　　　　　　　　　　　　　)

● 本書についてのご意見・ご感想をお聞かせください。

● ご意見・ご感想をWebサイト・広告等に掲載させていただいてもよろしいでしょうか?

□ YES　□ NO　□ 匿名であればYES

「たったの8時間で10億円」の手法

～DMで業界を変えられるかもしれない？～

不動産投資家として数多くのヒット書籍を出版している浦田健氏の、若き日の実践事例を取り上げている。建築やマンション経営という分野が、まだ今のように誰もが注目するメジャーな業界ではなかった当時（およそ10年前）、DMの威力を最大限に発揮して数々の成功を収めたのが、浦田氏である。

●〝ダサい業界〟は、強いのだ！

「大変です！たったの8時間で、10億円の商談がまとまってしまいました！」

マンション建築業・浦田さんからのエントリー作品である。

こりゃすごい。さっそく、マーカーを持って読みたい。

「社長のアカデミー賞ノミネート」

神田先生！ついに、バリーボンズ並の超～超～特大ホームランをかっとばしました！

大変です！たったの8時間で、
10億円の商談がまとまってしまいました！

実践会に入会し、はや1年と8ヵ月。やっと桜が咲きました。
正直、毎月ニュースレターに登場する先輩会員の輝かしい実践結果にプレシャーを感じながらも、「いつか俺だって！」を心に秘め、日夜、実践を繰り替えしてきました。そしてやっと胸をはって、ご報告できる結果が得られましたのでおくればせながら、ご報告させていただきます。

私のいる業界は、景気低迷の悪玉と言われている、「ゼネコン」です。
年末には青木建設がつぶれ、2月には、創業130年の老舗ゼネコンの佐藤工業がつぶれました。当社出入りの下請業者も何社も不当りを食らいました。泣く泣く夜逃げをするからと、最後に挨拶に来た業者さんもいます。
幸い、当社には不良債権というバブルの負の遺産がないために、受注が減少しても食いつないでおりましたが、長年、苦楽を共にしてきた仲間が、大手ゼネコンと一緒に倒れていくのを見るのは本当に耐えがたいものがあります。
我々ゼネコンは、下請業者さんの命も握っているのを再認識しなければなりません。

とはいっても、この業界自体は、完全な成熟期にあります。少ない受注機会に、何十万社の建設業者が群がります。当然、巷では安値競争が続き、受注しても「鼻水もでない」状態です。一般的にはゼネコンがつぶれると競争相手が少なくなると思われがちですが、実は逆で、手に職をもった人は、自分達で会社を作り競争相手は更に多くなります。

ですから、大手ゼネコンがつぶれると、はっきり言って困ります。出入りの業者はつぶれ、その孫請け業者がかわりに支払えと群がり、現場の工期も大幅に狂います。さらに、競争相手も増えます。全く良いことがありません。
今回、実践結果を公表することで、少しでもゼネコンの倒産に歯止めがかかるのを願ってやみません。

(原文ママ)

以前、お会いしたときから、浦田さんはただ者ではないと思っていたが、こういうゼネコンがいると、本当に日本は助かる。

さて、この事例から分かるように、（マーケティング）意識が行き届いていない市場に、マーケティング発想を持ち込むと、大金持ちになれる。

それだけ簡単なことなのだ。だから、**ダサい業界は（ビジネスの）狙い目**なのだ。

ダサい業界の見分け方は簡単である。まず電話帳を見ると、名も聞いたことがないような小さな会社がいっぱい並んでいる。1ページ全面の広告を出している会社があまりない。広告の中身を見ると、取扱商品・サービスと電話番号しか書かれていない。価格は見積もりベースで、明朗価格やパッケージ価格がない。

また、メールを送ってもまったく返事がない。店を見ると、のんきそうな夫婦が、のんきそうに経営をしている。

こんな状況が見受けられれば、非常に狙い目の業界であることが分かる。

たとえば、数年前までは、リフォーム業界、ハンコ業界、葬祭業界がこんな感じだった。こういう業界に、ダイレクト・マーケティングの発想を持ち込んで、明朗価格を打ち出したり、小冊子で消費者を教育し始めたりすると、非常に短期間で成功できる。

ゼネコン業界を考えてみれば、消費者がまったく教育されていないことが分かる。賃貸マンション経営というのは、節税対策程度にしか考えていないオーナーをダマクラかして販売してきたというのが実情だろう。

実は私、ゼネコンの人に会うたびに、「不況業種の代表のゼネコンでして……」と挨拶されてきた。どうも不況業種の代表というのが、業界の自慢になっているらしい。私は、その言葉を聞くたびに、「あぁ、早く、この業界を変える人が出てこないかなぁ」と思っていたのである。教育されていないところに対して情報を持ち込むと、圧倒的に成功することが分かっていたからね。

そうしたら、いいタイミングに、浦田さんが現れたのだ。

●言葉は社会をも変えるのだ！（ＤＭでもね）

浦田さんは、文章を読んだだけで、「何か、この人は、違うんじゃないか」「すごく信頼できるんじゃないか」という印象を受ける人である。

だから「小枠広告」「小冊子」「ニュースレター」の発行という実践会メソッドの定石パ

ターンをやると、ものすごくはまる。その実践会の定石パターンに加えて、インターネットでのメールマガジン*の発行というインターネット・ノウハウを持ち込んでいる。その結果、すごい結果につながっている（138、139ページ参照）。

10億円の契約を得るようになった鍵は何かといえば、セミナーの開催だ。このセミナーの開催により、今まではこちらから売り込みにいって、ノルマに追われていた売上が、お客が自ら手を挙げてセミナーに参加し、その参加人数の一定の割合で、売上が立つことが予測できるように変わってきた。

浦田さんの作品は、「マンション経営者なんかメールなんて読んでいない」という通常の常識を覆す事例である。

これはすごいヒントである。

マンション建築というのは、とても全国商圏ではできないと思われていた。しかし地主さん自らが、インターネットで情報を収集し、マンションの建築を考えてしまうという時代になりつつあるわけである。

DMも非常によくできている。超ハナマルだろう（140、141ページ参照）。

メールマガジン：もちろん、メールマガジンにおいても、セールスライティングのポイントは本書で語られているものと同様。

通常、ハウスメーカーなどが行う賃貸セミナーは、税理士や弁護士などの専門家が講師となって賃貸経営の税務的な問題、入居者とのトラブルの問題の講義をするケースが多いのが現状です。

重要なのは、入居者が途切れないように、満室経営を続けられるかどうか？いかにしてキャッシュフローを生み出していくか？が問題なのに、どうすれば満室経営が実現できるかについては、ほとんど触れられることがありません。すべて満室を前提に話しているのです。極めつけは、「自社の商品であれば、満室が実現する」、おまけに、「家賃保証がついてくる」と単純に解決させてしまう都合の良い情報しか受講者には与えません。


「アパ・マン経営を成功させる会」の主宰するセミナーは、講師を私自らが行い、賃貸経営者として、本当に必要なノウハウを短時間で得ることができます。

資金の流れ、税金のしくみ、満室経営のためにオーナーが必ずしなければならない事、などが手に取るように分かるようになります。アパ・マンオーナーだけではなく、老後対策のためにワンルーム経営をお考えの方も非常に参考にしていただけると思います。


実際の講義は次の手順で進めていきます。
■資産が自分のためにキャッシュフローを生み出すメカニズムとは？
資産の有効活用は、資産と負債、収入と支出のバランスが全てです。このメカニズムを数字を一切使わずに、グルーピングボックスを使って、分かりやすく解説します。

■キャッシュフローを生み出すために、オーナーがしなければならない三大原則とは？
賃貸マンションという資産がキャッシュを長期安定的に生み出すためには、満室経営が原則です。満室経営を実現させるためのポイントを顧客、金融、リフォーム、この３つのキーワードで解説いたします。

■今すぐキャッシュを生み出す、3つの秘策とは？
キャッシュフローを増やすためには、できるだけキャッシュを多くし、支出を押さえることです。しかし、単にキャッシュが多くなってしまっては、税金も多くもっていかれてしまいます。ここでは、合理的にキャッシュを増やすための3つの秘策を伝授いたします。

■今更聞けない、アパ・マン経営者のためのペイオフ対策、その具体策とは？
ついに来年4月からペイオフが解禁になります。マンションオーナーのためのペイオフ対策、その具体的対策法を公開いたします。


以上、約120分間＋追加60分の内容です。さらに40ページ程のテキストが付きます。

講義の内容には自信を持っていますが、「なんか胡散くさいな～」「本当にためになるのか？」とご参加を迷っている方は、昨年のセミナービデオを無料で送りますので、まずはご覧になってみてください。ご覧になったうえで、今回のセミナーへ参加の場合には、ビデオの返却は不要です。そのまま差し上げます。

もし、今回不参加の場合には、お手数ですが、ご返却ください。

頼みの綱だったアメリカ経済が、多発テロと報復戦争の影響で悪化し、日本経済ももはや自力での回復しか、道はなくなりました。私たちは、景気に左右されることのない強い事業を自ら造りあげなければなりません。1日1日の情報が全てです。私もこのセミナーに全精力を傾けます。少しでもご興味があれば迷っている暇はありません。

受講料は無料です。今すぐお申し込みください。


当日、みなさんにお会いできるのを楽しみにしています。

アパ・マン経営コンサルタント　浦田　健

■　メールマガジン「失敗しないマンション経営の極意」■□■
□■～アパ・マン経営者のための実践ニュースソース～　　■□
■□■2001／12／2臨時号　　　　　　　　■
「アパ・マン経営を成功させる会」主催、セミナー開催最終のお知らせ！！
□□□□賃貸マンション経営セミナー2001
□□□□□～キャッシュフローを確実に生み出す方法！～

◆　＿＿＿＿＿今回限りのセミナーがあと14日に迫っています。＿＿＿＿＿◆
このメールは重要です。


何故なら、多忙のため、今後このようなセミナーを開催する予定はないからです。

すでに、前回の開催告知後、多数の参加予約をいただき、驚くことにはるばる広島からご参加いただく方もいます。そこで、講義時間の延長と講義内容の追加をいたします。

この不況の時代を乗り切るための賃貸経営ノウハウを余すところなく、お伝えいたします。情報の出し惜しみはしません。


追加講義の具体的内容は、次の通りです。

／／／今すぐ自分でできる、事業性の診断書の作り方と判定方法を解説／／／

これは、マンション事業を検討する時に、所定の所に数字を入れるだけで、カンタンに自ら事業性を判定できる方法を解説します。

さらに、今回ご参加の方限定で、事業診断プログラムの入ったFDと、当日の講義を収録したセミナービデオを無料で進呈します。

何度も言いますが、次回開催予定はありませんで、今回限りとなります。

それでは、当日の講義の内容を再度ご紹介します。


と、その前に、昨年受講された方々の反響の一部をお聞きください。

・共同住宅マンションを経営するにあたり､今回凄くためになること（経営や相続など）ばかりです。次回も是非時間をかけて、経営者の利益になるお話をお願いいたします。（江戸川区M様）
・大変参考になりました。ありがとうございました。定期的に開催してください。（市川市　税理士A様）
・とても分かりやすかったです。セミナーの内容を聞いて、ハウスメーカーのセミナーのような胡散くささもなく、信頼のおける内容でした。とてもためになったので、次回も是非参加させて頂きたいと思います。（江戸川区M様）
・よくまとまっていて分かりやすかったです。マンションを建てることは経営をするということなので、事業収支を踏まえた経営感覚を持つことが大切。土地の色分け等、ポイントを押さえてご説明いただき本当によかったと思います。ありがとうございます。次回も是非参加したいと思います。（横浜市O様）

昨年は、相続対策から賃貸マンション経営の主に収支計画について講義を行いましたが、今回の内容は、実際に賃貸経営を成功させるために、具体的にオーナーがしなければならないことは何なのか？そして、確実にキャッシュフローを生み出すためのメカニズムはどうなっているのかが手に取るように分かるようになります。

すでに賃貸経営をされている方も、より事業を好転させ、キャッシュフローを確実に増やすためのメカニズムが分かるようになりますので、賃貸経営成功へ最短距離を進むことができます。

といったことは良くある話です。

次ぎに、税理士の場合はというと・・・

賃貸事業を積極的にコンサルティングしている税理士はあまりいません。事業開始前に申告を忘れてしまったために、税金を多く払いすぎてしまったり、損金処理できるはずだった経費が出来なかったりという話も良くある話です。

さらに、建設業者の場合はというと・・・

過剰な設計だったとしても建設許可を受ける前までなら、コストを下げるための技術を建設業者は持っている。しかし、建設業者決定の段階では、既に建築許可が下りてしまっていることが多く、変更が効かない。こうなると、建設業者は「背に腹は変えられず」無理して受注するため、予算が無く手抜き工事や仕上げの悪さが目立つ建物になってしまう。

さらに、不動産業者の場合はというと・・・

募集、管理業務を受注するために、相場とかけ離れた募集家賃を提示し、半ば強引に管理の委託をうけたが、結局、その家賃ではなかなか入居者は決まらずに、家賃を下げなければならないというのもよくあることです。もし、提示された家賃をもとに、建築費決めていたら・・・。笑い事ではすまされません。

このように、一見、全員、賃貸経営に関する共通の知識を持っているかと思えば、これらの専門家は全く別々のことを考えています。結局、誰かが事業そのものをまとめあげていかなければならないのです。オーナー自身がそれをすることが一番の理想なのですが、専門的知識はあらゆる分野で、さまざまな問題が相互に絡み合ってくるため、やはり信頼できるプロのパートナーを持って事業を進めていくことが重要です。
賃貸事業を行うにあたっては、建物が完成するまでの時間が、極めて重要です。

弊社では、そんなオーナーさんのサポートをさせていただくため、**ＦＰコンサルティング制度**を導入しております。

この**ＦＰコンサルティング制度**は、単なるコンサルとは違い、事業企画、設計、管理までもが網羅されたシステムです。

2

（原文ママ）

3度建てなければ、本当に気に入った家は建てられない。

と、巷では言われています。

賃貸マンションも同じ建物ですが、賃貸事業に2度まで失敗は許され、3度目で成功すれば良いということはありません。2度も失敗すれば、確実に財産は無くなってしまいます。

私の所には、途中で、事業計画を見直さざるを得ない物件が年に何件も持ちこまれます。

それらの物件は、事業パートナーとなるべき、設計士、銀行、税理士、建設会社、不動産業者などのスタッフの足並みがそろわず、事業予算を遥かにオーバーしてしまったり、計画通りの家賃収入が得られなかったりといったようなトラブルがほとんどです。

建築前であれば、なんとか事業計画を見なおして修正することもできますが、着工をしてしまった後ではなかなか計画を修正することはできません。

では、なぜ専門家がそろっているにもかかわらず、こんなことになってしまうのでしょうか？

それは、専門分野に特化してしまっているが故に、起きてしまっているのです。

例えば、設計士の立場でその原因を考えてみると・・・

賃貸マンションの設計をするときに、事業の収支計画まで完璧に頭にはいっている設計士はいません。自分の設計コンセプトを全面に押し出しすぎてしまった挙句、建築予算オーバーになってしまうということは良くある話です。また、設計料の相場をオーナーが知らないことを良いことに、べら棒な設計料支払ってたなんてことも珍しい話ではありません。

次ぎに、銀行の場合はというと・・・

担保さえ、取れればいいと思っている銀行が多いと思います。建設業者や不動産業者の紹介まで介入してくる場合がありますが、「銀行が紹介するから大丈夫だろう」などという甘い考えは禁物です。業績不振の建設会社から、貸し付けている資金を早期に改修するために仕事を紹介する

1

ああ、ちなみに、顔写真等の写真を1点、申込書は別紙にして、ちょっと厚手のきれいな紙を使う等の工夫をすると、もっと反応は伸びるだろう。

こういうDMが作れる浦田さんは、業界を変えるインパクトの持ち主である、といっていい。

言葉はそれだけで社会を変えるのだ。

もちろん、このDMを同業者がパクるのは、倫理に反し、著作権の侵害という法律違反になる。

しかし、仮に、別の業者がこれとそっくりそのままのDMを出せば、浦田さんと同じような反応が得られるだろう。

ただし、お客はDMを読んだときの印象と、実際に会ったときの印象が異なった場合、胡散くさい業者だと本能的に察知し、成約率はかなり落ちるので、実際にはDMを書く本人が、文章を〝自分のものにしていく〟必要があることをお忘れなく……。

成約率41%のDMは、何をしているか?

〜〝スーパーDM〟の設計図を徹底解説!〜

顧客獲得実践会が行った数々の実践の中でも、記録的な成約率を達成したのが、ここで紹介する育毛剤のDMである。この事例のDMを作成することは、けっして難しいことではない。ポイント(設計図)さえ押さえれば、どんな会社でも作成できる、きわめて簡単なものなのだ。

●お客は「サンプル」なんて使わない?

DMにおける成約率41・1%という驚異的な数字を上げた、吉田アイエム研究所の吉田社長の事例を紹介しよう。

この会社では、「髪之助」という育毛剤を販売している。DMにおいて、成約率を高めるための工夫がいたるところにされている。

41・1%という数字は、資料請求があった見込客に出したＤＭに対する成約率だ。この育毛剤は6800円の商品だが、実際の平均購入本数は2～3本程度になるだろうから、平均単価が1万円をゆうに超える。その商品で、41%という反応率を得られるのだから、笑いが止まらない。

ガーッハッハッハ！　ガーッハッハッハッハ！


どうしてここまで反応率が高いのか？

まず次ページのＤＭを見てみよう。

サンプルをつけている。

私がクライアントから「サンプル入りのＤＭを添削してくれ」と依頼されたとき、何を一番チェックするか……？

多くの人は、ＤＭの内容をチェックする。

しかし私には、ＤＭより先にチェックするものがある。

それは「サンプルの使用説明書」だ。

多くの会社が失敗する点は、サンプルを封入すれば、お客はサンプルを使うだろうと思っていることである。

非常識な
あ！ホントに生えた！
「まるで別人
夢実現マニュアル
元気でるよ～！
今すぐお読みください!!
RIMONEA
Rich More Nature
株式会社 吉田アイエム研究所
http://www.onsen2323.com/
資料5-2
5,800円
サンプルに添付された使用説明書
育毛剤『髪之助』の使い方
サンプルは2.5日分5mlです。
❶ まず、頭皮を軽く揉んでみます。
手指の感触で、頭皮の固さや、動きを確認して下さい。
注意!!
この、頭皮の動きを確認した方だけが、次へお進み下さい。
もみもみ
固いな～
❷ サンプルの容器を持って、先端を頭皮に近付けて一滴ずつ、頭皮に落とします。
髪の毛を容器の先端で押し分け、できるだけ頭皮に直接塗布します。2～3滴落とすたびに、指先で軽く頭皮に塗りひろげ、最低でも容器の約4分の1程度は使用して下さい。

髪の薄い部分だけではなく頭皮全体が軽く湿る程度、塗りひろげてください。

地肌に直接。
❸ 5～10分間そのままにしておきます。（マッサージ等は行わない）
強くマッサージをすると、毛髪を引っ張ったり、毛根に過剰な刺激を与えたりすることになり、結果として、髪が抜け落ちたり、毛根が傷む原因にもなるため、マッサージは行わないようにして下さい。

やわらかいタッチで、ソフトに育毛剤を塗りひろげる程度にとどめます。
❹ 5～10分たちましたら❶で確認したように、指先で頭皮を揉んでみる。
頭皮がやわらかく動くようになっていることを確かめて下さい。

以上のことを、朝晩2回、くり返して下さい。

どんな方でも、注意深く確認いただければ、頭皮が柔らかくなるのを実感していただけます。

頭皮の動きがよくわからない人はたくさん塗ってみて下さい。

このサンプルは、おおよそ朝晩2回使って、2.5日分ありますが、1回で使い切っても、害はありませんし、頭皮を軟らかくする効果をより強く感じることができます。

アレッ
つけた直後よりも、2～3分たってからジ～ンと染み込むのを、感じます。

ジ～ン
ジ～ン
お～！

来たきた

（原文ママ）

ノー！　お客はサンプルを使わない。

「あとで使おう」と思って、そのまま忘れてしまう。せっかくサンプルをあげたのに、サンプルは使われないまま、ずーっと忘れられる。使われないかぎり、注文がくるはずがない！

だから、サンプル入りＤＭの目的は、注文してもらうことではなく、まずサンプルを使わせることなのだ。

では、サンプルを使わせるためには、どうすればいいか？

それには２つのポイントがある。

まず、①「サンプルが、簡単で使いやすくなっているかどうか？」

そして、②「使用説明書を読むうちに、使いたくなるかどうか？」

ということだ。

サンプルを簡単に使えるようにするためには、まず使用法が分かりにくかったら、使われるはずがない。

そして、さらに使いたくなるように感じさせるためには、サンプルを使った場面の実況中継を紙面で行う。これがポイント。

実況中継とは、たとえば、

「つけた直後よりも、2〜3分経ってから、ジーンと染み込むのを、感じます」

「朝晩2回、くり返してください。(中略)頭皮が柔らかくなるのを実感していただけます」

という表現だ。使い始めてから何分後に何が起こって、何日後にはどうなるのかを、実況中継するのだ。

このようにサンプルを使うとどのようになるのかを具体的に示してあげるというのが、使いたくさせるコツだ。その際、「ジーンジーン」とか、「頭皮が軟らかくなってくる」とか、「髪が黒く、盛り上がってくる」等の感覚や色彩を重視する言葉を使うといい。

●スーパーDM、その11のポイント

それではDMを解説しよう。

このDMには、11もの優れたポイントがある。

ポイント① 封筒への工夫

「今すぐお読みください!!」と赤字の手書きで書いてある。この赤字の表現(ティーザー・

コピーという）は、開封率を高める。しかもこのDMは、サンプルが入ってデコボコしているから、相手は「何が入ってるんだろう」と気になり、開封率が高いはずだ。

ポイント② セールスレターの長さが適切

今度は、中身のセールスレターを見てみよう（150、151ページ参照）。

4ページの手紙である。

セールスレターは、読者が一心不乱に読むことができるような内容ならば、長ければ長いほど反応が良くなる。

ところが、当然のことながら、多くの人はそこまで文章の才能がないので、長くても4ページぐらいに収めておくといい。

ポイント③ レターの色使い

このレターは、3色使ってあります。一番強調したいところは赤。次に強調したいところは青。それ以外は黒。黒一色よりも反応がいい。ただし、必ず3色使う必要はなく、2色でも十分反応は変わってくる。

ポイント④ 見出しに数字を入れることによる具体性

このレターの見出しは、インパクトがある。数字が入っているからだ。具体的な数字を入れると、商品に対する自信を感じさせるのである。

ポイント⑤ お客の不信感を先取りして、答えを提供する

冒頭で、

「おいおい、サンプルって、たったこれだけかよ?」

「これで、どうやってこれで効果を試せって言うんだ?」

と、お客が不信に思うことを、自ら書いている。

このように疑問を先取りすると、お客は安心感を持って文章に引き込まれていく。

ポイント⑥ レターの1ページ目に、お客に対するメリットを明確に示す

文章の初めのほうで、

「髪之助をつけると、頭皮に染み込んで軟らかくなっていくことを感じることができます」

と赤字で表現している。

1

赤字

この、たった5ccが、すでに一八六三名の人生を変えています。

あなた様にとって、とても貴重な育毛剤のサンプルです。
今すぐ、このお手紙をお読みになって、その効き目をじっくりとお試しください。

青字

「揉むな！叩くな！マッサージするな！」
薄毛、ハゲ、抜け毛だけでなく、白髪や女性の気になる髪のボリュームアップなどにも喜びの声が寄せられています。
男女兼用！女性の利用率が四一％！
リピート希望率が、九四、六％。
使用者の八三、六％が六〇日以内に効果を実感しています。（三十日以内なら七〇％）

神田　昌典さま

吉田アイエム研究所の吉田　透です。
この度は、育毛剤「髪之助」のサンプルをご請求いただき、誠にありがとうございます。

「おいおい、サンプルって、たったこれだけかよ？」
「これで、どうやって効果を試せって言うんだ？」

そう思われたかもしれません。

しかし、これからあなた様に「髪之助」を使っていただくべきかどうかの判断をしていただくに当たって、この小さなサンプルを真剣に試していただくだけで、他の育毛剤との違いや効果を十分に感じ取っていただけるものだと思っています。

なぜなら、髪之助をつけての五～十分間の初期の段階で、あなたの頭皮に染み込んで軟らかくしていく感覚。それが、この髪之助の、育毛剤としての特徴だからです。

髪之助をつけると、頭皮に染み込んで軟らかくなっていくことを感じることができます。

あなたはこのサンプルを手にとり、すぐにお試しいただくことができます。

頭部の気になる部分の髪の毛を分けながら、髪の毛では無く、頭皮に直接数滴落してみます。そして、それを指先で軽くなでて伸ばします。そのまま、五分くらい置いてください。揉む必要はありません。塗りひろげるのです。

たった、それだけです。

頭皮に意識を集中して下さい。
「地肌にジワ～～と、染み込む感覚がわかりますか」

私も、無理に髪之助を押し付けるつもりもございませんし、厳選した原料を使っています関係上、効果の薄い使い方をされてご判断いただくのは、お互いに利益のないことだと思いますので、敢えて、この小さな容器の5ccにて、お試しいただいております。

1

2

近年各種の育毛剤が発売されていますが、髪之助は他の育毛剤とは一線を画するものです。

私には、ひとつの仮説がありました。

『ハゲや薄毛の原因は頭皮の固さにある』
『頭皮を軟らかくすれば、血流が良くなり、毛母細胞が活性化する』

この仮説に基づき「頭皮を軟らかくするにはどうすれば良いか？」と研究開発を始めました。そこで出会ったのが温泉水のイオン化ミネラルだったのです。

九年前にプロトタイプが出来上がりましたが、頭皮が軟らかくなるのに時間がかかったり、産毛までは生えても、それ以上伸びずに終わってしまったり、資金不足で賃貸契約していた温泉場からは解除を通告されるなど、挫折の日々も味わってまいりました。

１０数年にわたる温泉の研究と、二十九種類にも及ぶ生薬エキスの組み合わせの検証の結果、無香料・無着色・無ホルモンの男女兼用の育毛剤として、ようやく自信作『髪之助』を発売することができました。

もちろん、髪の毛ではなく、頭皮に直接つけるものですから、通常の使い方を守れば、副作用などはありませんし、あってはなりません。

なぜ、頭皮を軟らかくすると、毛母細胞が活性化するのか？

ハゲや薄毛に悩む人達は、大半が頭皮が固く、血流が悪いために栄養不足で、毛が細くなったり、脱毛に悩まされる結果となります。本来、栄養素は血液によって末梢の細胞まで運ばれ、老廃物もまた血液が細胞から受け取り、運び出る様にできているのです。

このの育毛剤『髪之助』は短時間（5～10分）で頭皮をやわらかくします。それと同時に、皮脂分の過剰な分泌をおさえて、テカテカ、ギトギトのアブラっぽい頭になるのを防ぎます。

頭皮はいつもサラサラと爽快になります。

この髪之助を使うことによって、髪の悩みを解決できた皆様の声が、多く届いておりますので、ご紹介させてください。

鹿児島市　安部松　紀之　様

はじめは半信半疑でした。
でも、つけたすぐあとにジ～ッと来るものがあり、これは今までの物とは違うな、と感じました。**使い始めて１０日目くらいから抜け毛が減り、ひと月たらずで毛が立ってきて、ヘアースタイルを変える事ができるようになりました。**

始良郡　西田　寿美子　様

『髪之助』を利用させていただきまして、１ヶ月になります。地肌が見え、周りは白髪いっぱいで、あきらめかけていた矢先に知り、さっそく使用させていただきまして、おどろくなかれ、**白髪が黒くなり、毛がふさふさに。**
この小さなサンプルを使うだけで、即座に頭皮に直接作用する育毛剤として、髪之助の特徴を実感していただけるものと思います。

現在まで、弊社は、お客様の口コミだけで、宣伝広告をほとんどせずにまいりましたが、おかげさまで発売わずか一年で一八六三名のお客様にご愛用いただいております。

2

（原文ママ）

使い方は、いたってカンタンです。

一、まずお風呂に入って、軽く洗髪をしてください。
二、軽く、タオルドライをしてください。
三、まだ、髪が軽く濡れたままの状態で、髪之助のサンプルを頭皮全体にたらし、軽く指先で塗り広げてください。
四、そのまま、三分ほど置いて、頭皮にじわ～～と、髪之助が染み込んでいくのを感じてください。

このサンプルで、おおよそ朝晩二回使って、二、五日分ありますが、一回で使い切っても、害はありませんし、頭皮を軟らかくする効果をより強く感じることができます。

※使い方は、別紙にイラスト入りで解説しています。

その効果をわかっていただける人だけに、お使いいただきたい。

「確かに、これは効果がありそうだ！」

そう思っていただけた方だけに、今回、「髪之助」の実力をより実感していただくためのお知らせがあります。しかし、まずは、サンプルをすぐに使って見てから、聞いてください。たったこの５ｃｃでは、絶対に「育毛の効果があった！」と、断言できる人はいないと思います。

しかし、このサンプルでその特徴を感じ取っていただける人でなければ、これから先、どんなに髪之助を使っていただいても、きっと、他の育毛剤に目が行ったり、途中で止めたりされる事でしょう。

「髪之助」は、早い方で３０日。八三、六％の方が、六〇日で、その効果を実感されています。が、育毛には、やはり根気強い気持ちが必要です。ですから、このサンプルで「試してみよう！」と言う気になった方だけに、ご優待価格での特典を、ご用意させていただきました。

サンプルを使われた方限定！『初回ご優待特典』

今回サンプルをご使用になられた方には、より一層の手ごたえを感じていただくために、特別価格でご提供させていただきます。

もちろん、お使いになられて、効果の実感が得られなかったときには、「例え使用済みのものでも、代金はお返しいたします」

私も、自信を持っておすすめする以上、あなた様に無理に使っていただく事は本意ではありませんし、何しろ効果に個人差のあるものですから、真剣に時間をかけて使っていただかなくては、その結果もわかりません。

2週間お使いいただき、まんがいち、ご満足いただけなかったときには、商品を受取人払いで、ご返送ください。

返品の理由は一切問わずに、喜んで返金させていただきます。

さて、その初回ご優待のお[illegible]ですが、

3

通常一本（八〇㎖）　６８００円　のところ　ご優待価格の　５８００円（税別）

にて、ご提供させていただきます。

ただし、お一人様最高６本までで、お願いいたします。

また、あなた様の育毛のことを考えると、すぐにでも取り組んでほしい気持ちがあります。今から、十日以内のお申し込みまでの限定とさせていただきます。

育毛は、早く取り組むに越したことはありません。

育毛剤は、長い間継続して使い続けていくものですから、私どもの会社に対するご不安な点もございますでしょう。

そこで、初回ご優待の特典をご用意いたしました。

ぜひ、今すぐ、サンプルを試した上で、初回ご優待の特典をご利用ください。

初回ご優待価格でのご注文は、カンタンです！

同封の、初回ご優待専用ハガキの、希望本数に○をお書きになり、ＦＡＸか郵送にてお送りください。お電話（0120-880262）でも、受け付けています。

後は、何本必要かをお知らせいただくだけで、すぐにお届けできます。

ご連絡さえいただければ、数日後には、すぐに頭皮を柔らかくする育毛法が、始められるのです。

今すぐ、ペンを持って、ご記入ください。
あなた様からのご注文、心よりお待ちしております。

吉田アイエム研究所
吉田　透

追伸　髪之助は、少量でも頭皮にジワ～～と染みこんでくるのを実感する事が出来ます。

今すぐ温泉ミネラルの力をお試しください。

そして、その効果が感じられたら、初回ご優待特別価格の有効期限（特典様は八月十一日まで有効です）内に、ご注文ください。

4

このようにお客が得られるメリットを、レターの冒頭で表現したほうがいい。

なぜなら得られる結果を明確にしないで、最初からダラダラと商品説明をしてしまうと、レターを最後まで読むこと自体にメリットを感じられなくなり、途中で捨てられてしまうからだ。

ポイント⑦ 購買抵抗を起こさせない

1ページ目の最後に、

「無理に髪之助を押し付ける気もございませんし、（中略）お互いに利益のないことだと思いますので」

という記述がある。

この目的は、強く説得することにより、かえって相手に対して購買抵抗を起こさせないためである。

ただし、見込客と初めて接触する初回のDMではお勧めしない記述だ。

初回からこの「無理に買ってくれなくてもいいですから」というアプローチを取ってしまうと、ものすごく高飛車な会社だと思われ、かえって反応率が低くなる。気をつけよう。

今回、この会社は、なぜこういった高飛車なアプローチを取っているのか？

その理由は、ここの見込客は、すでに一度、この会社から資料を受け取っており、ある程度会社に対する信頼性を持っているからだ。

すでにお客から信頼性を獲得している場合なら、「ご自身でご判断ください」とお客を突き放すような感じにすると、逆に真剣に購買を考えるようになる。

ポイント⑧ 注文におけるキーワードは「ご優待」

「ご優待」というキーワードは、はっきり言って、万能だ。とくに初回にお客の注文に対する抵抗をなくす。

やはりどんなにいい商品でも、初めて購入するお客は躊躇(ちゅうちょ)する。その躊躇するお客の背中を押すためには、「初回ご優待特典」というキーワードを使う。

ポイント⑨ 商品に対する自信を感じさせる返品制度

「返品の理由は一切問わずに、喜んで返金させていただきます」

レターではそう言っているが、実際には、返金するときには、当然、悲しいのである。

返金するという行為が重要なのではなく「喜んで返金するぐらい、この商品に対して完全に自信を持っているよ」という、〝商品に対する自信〟を伝えることが大切。

ポイント⑩ 購買金額を上げるための「限定」の活用

「ただし、お一人様最高6本まで……」と限定している。こうすると、しっかり6本買う人が増える。平均購入単価を引き上げるための、効果的テクニック。

ポイント⑪ 追伸において、目的を再強調

「追伸」という一番目立つ箇所で「髪之助は、少量でも頭皮にジワ〜〜と染みこんでくるのを実感する事が出来ます」と、サンプルを使っていただくという目的を再度強調している。

このような実践会メソッドを駆使したＤＭを一度作ってしまうと、あとは仕組みとなって、何年変更しなくても、収益を上げ続けることがある。ぜひ、ご参考に。

第3章

「禁断のレター」編

「お客様へのお手紙」……あなたは何を想像するだろうか？
単なる売り込み、自社商品・サービスの紹介といった一方通行のレターは、
ダイレクト・マーケティングにおいてはNG．
手紙とは、どんな時代においても最高のコミュニケーションツール。
そして、顧客とのコミュニケーションこそ、ビジネスを左右するのだ。

ニュースレターは死んでも発行すべきだろう

～何を書けば効果的なのか？～

「ニュースレターの発行」は、神田昌典の提唱するダイレクト・マーケティングの大きな特徴であり、最大の武器ともいえる。ここでは、「そもそも、なぜニュースレターを発行しなければならないのか？」について言及し、ニュースレターの基本概念を解説した記事を紹介する。

●ニュースレターをめぐる誤解

さて、今回はニュースレター*についての特集です。

なんでニュースレターを取り上げるか……それはですねぇ、**どの会社も、ニュースレターを、死んでも発行しなけりゃならないから**です。

ニュースレターを出さないってことは、顧客から忘れられるってこと。

そして、顧客流出を促進しているってこと。

ニュースレター：会社・お店から顧客に向けて定期的に発行する媒体。本文中でも語られているように、顧客をつなぎ留め、リピート購買を促進させる……つまり顧客との理想的な関係を作るために必須のツール。

つまり……燃えている現金を黙って見ているのと同じ。

この実践会だって、ニュースレターが命綱。

ニュースレターは顧客を引き留め、リピート購買を促進するエンジンの役目。ニュースレターを出さないことは、私にゃ、怖くて考えられませんよ。

だから、あなたの会社がニュースレターを発行してないとすれば、悪いことは言わないから、改心して発行したほうがいいよ。


ニュースレターはきわめて重要。だけど2つの誤解がある。

初めの誤解は「自分の商品について書かなくちゃならない」ということだよね。

私がクライアントに「ニュースレターを作ってください」というと、次のような会話が始まる。

私　「ニュースレターを出しましょう」
社長「何を書けばいいんでしょう？」
私　「簡単です。社長が、最近、はまっていることはありますか？」
社長「う〜ん、とくにないんだけど、最近、ネコがとてもかわいいんです」

私「いいんじゃないですか？　それじゃ、そのネコについて、書けばいいんです」
社長「そんなんでいいんですか？」
私「そんなんで、いいんですよ。ある社長はラーメンが好き。そこでニュースレターに、ラーメン食べ歩きというコラムを書いているけど、お客さんからはこれが一番人気なんだよね」

つまり、何も商売のことを書く必要はさらさらない。
ニュースレターは、**この人のことをよく知っているという疑似体験**を起こしたいわけなんだから、逆に、あまり商品のことを書く必要はない。好きなことを書けばいいわけ。
私は真面目に言っているんだが、そうすると次のような反応が返ってくる。

社長「でも、そんなんで、反応あるんですか？」
私「反応は、ありません！」

そこで、相手はびっくり。
「反応がないんだったら、なぜやるんだ？？？」

ニュースレターを出したら反応があって、売上につながるかっていったら……それは嘘になります。

ここが、２つ目の誤解。

ニュースレターっていうのは、チラシじゃないんですよ。売上を上げるんじゃなくて、顧客の流出を防ぐことが目的なんです。

ニュースレターは、種に水をやることと同じ。見込客(種)に芽を出させて上得意客にする。水をやったって急に花が開くわけじゃない。けれど、ちょっと辛抱して6カ月間水をやり続けると、花が咲くときにはいっせいに花開く。

以前のニュースレターで、あるハウジングセンターさんが、２４０通のＤＭで3棟の住宅を即日完売したって話を書いた。実は、ハウジングセンターさんはＤＭを出すと同時に、40万部のチラシを配ったそうなんです。しかしチラシで電話をかけてきたのが、ほんの数人。なんで、こんな差が生じるんでしょう?

実は、２４０通のＤＭを送ったお客には、半年～9カ月さかのぼってニュースレターを送っていたわけですねぇ。

つまり、見込客の段階から、じっくりと育てていたわけですよ。その「顧客を育てる」

という作業の重要な鍵が、ニュースレターだったわけ。

もちろんニュースレターだけじゃないよ。ニュースレターをエンジンとしながら、定期的に勉強会を開く。そして顧客との接触を続けていったわけ。

このようにお客を育てることが、圧倒的な違いを生んでしまうのだ。

ニュースレターの効能は、たくさんあるのだ
～さまざまな「効き目」を実感しよう～

チラシやDMと違い、定期的に〝発行〟しなければならないニュースレターは、実践者にとっては多少ハードルが高いものかもしれない。しかし、ここで語られているように、ニュースレターには多くのメリットが存在する。のちの「メールマガジン」の発行は、ニュースレターの役割を〝より実践しやすく〟引き継いだものといえるだろう。

●得られる効果は、1つだけじゃない！

お客を育てることが、圧倒的な集客コストの違いを生む。そのエンジンが、ニュースレターである……ということは理解できたと思います。

実は、ニュースレターっていうのは、やってみると分かるけど、このほかにもいくつもの効果がある。

そこで、ニュースレターの効能をまとめてみましょう！

①お客の信頼が得られる

さっき「ニュースレターを出しても、売上は上がんないよ」と言ったばかりだけど、売上が上がるケースも、実は多い。

たとえば、丸子設計工房さんの次ページのニュースレターを見てほしい。

いっさい売り込みがないけど、第1号のニュースレターを出したとたんに、オーダーメイドの福祉機器を受注した。

さぁ、なぜ売り込みをしてないのに受注できたんでしょうか？

これは信頼が得られるからですよね。

私も、この丸子さんのニュースレターを読んで分かったんだけど、この人はいろいろな媒体に執筆をしている人。とすると、この人はこの分野では、かなり信頼できるという印象を読者は持つと思うんです。その結果、ここに頼めば間違いはない、ということで発注がくるわけでしょう。

お客っていうのは、信頼してしまうと価格・機能等をそっちのけで、**信頼できる人から購入する**んですよね。このニュースレターでは、価格どころか商品にすら触れていない。でも注文がくる。

信頼は金では買えない。ニュースレターで得られるわけです。

丸子設計工房(旧 福祉工房まるこ)ニュースレター

Vol.1 4月号
発行日2000年4月22日

It works.(役に立つの意味。)

ハイライト:
- 近況報告:ニュースレター発行
- 今月のトピック:無謀!?ついに国際福祉機器展に出展決定
- 旅情報:北海道摩周湖畔にバリアフリーホテル
- プレゼント情報:来月発売の介護情報誌「Better Care 春号」をプレゼント

ニュースレター発行に際して

皆様ご無沙汰しております。このニュースレターは一度でも私に仕事を依頼してくださった方へお送りしております。

中には「丸子設計工房?知らないなあ」とごみ箱へこれを捨てかけた方もいることでしょうが去年名前を変えただけですので捨てないで読んでくださいね。(暇な時で結構ですから)

できれば毎月発行するつもりです。励ましのお便り、お電話、電子メール待ってます。今までもこういうニュースを発行しようと思っていたのですが、学校の宿題と一緒で「やろうと思っているのだけれど…。」という状況が続いていましたが、一念発起いたしまして(ある経営コンサルタントの方とであったのが大きいのです)発行することと相成りました。

発行日は毎月22日を目標に皆様方へお届けする予定であります。

内容は近況報告・目玉情報・旅情報・プレゼント情報などを予定しております。また皆様方からの情報も盛り込んでいきたいので情報をお寄せください。(例えば いつも私が行く旅館を紹介して!とかスポーツの大会へ出て記録がでた!、こんな便利な福祉用具があるよ!、こういう工夫をして使ってるよ!などなんでも良いです。)もちろん電話で伝えてくださっても良いですよ。待ってます。皆様の役に立つ情報誌を目指して「It works.」というタイトルにしたのですから。

この「It works.」何じゃ!?と思う方ほとんどだと思います。(うちの奥様もその一人)偶然知った言葉なのですが、皆様オイルライターの老舗“ジッポー”ご存知でしょうか?ジッポーの創設者がある人の質問に答えた言葉なのです。

質問者「おたくの製品は機能永久保証付きになっているけど、どうしてなの?(損しないのか?)」(もちろん英語ですよ)
創設者「It works!」(役に立てばいいんだ)

いやー感動しましたこの言葉。

普通機能性の製品で永久保証なんて見かけませんよね。僕も通っていた大学が海沿いだった為100円ライターが使い物にならなかったので(本当ですよ)入学してすぐにジッポーのライターを買いましたがこんな凄いことを行ってたなんて25歳で禁煙してから今の今迄知りませんでした。そういえば昔「大戦中に川に沈んでいた引き上げた車の中にあったジッポーに火が点いた。」という話を聞いたことが有るので技術力は凄いものが有るのでしょうね 。と福祉に関係の無い話ばかりでしたが次のページをお楽しみに。

(原文ママ)

②自分のノウハウができる

「私には、ノウハウがある」

このように言う人のほとんどが、実はノウハウを持ってないんです。

なぜかっていうとね、形にしてないものは、ノウハウでも何でもないから。

あなたが〝考えていること〟〝思っていること〟は、ノウハウとはいえない。

「僕はこの分野については誰よりもよく知っているから、ノウハウを持っている」と思っていても、文章にしようとすると、とたんに行き詰まる。

なんとか文章にできたと思ったら、たった数ページで終わっちゃう。

それで「あぁ、僕のノウハウっていうのは、これほど薄っぺらだったのか」と初めて気づくことになる（なんで分かるかっていうと……かつて私がそうだったからです！）。

ニュースレターを書くっていうことは、**あなたの知識を棚卸すること**になる。一度書いたものは覚えているもんだから、二度同じことを書くわけにはいかない。

そこで、どうしても知識をカスタマイズ、バージョンアップしていく必要があるわけ。

こうやって体系化され、人に伝えられる形になって、初めてあなたの知識は「ノウハウ」といえるんですよね。

ノウハウを持つと強いよ。専門家になるからね。専門家になると価格がアップできる。

だから価格競争とは無縁になれる。

③ニュースレターをまとめると、小冊子ができる

小冊子が重要だってことは、繰り返し言っているよね。

でも現実問題として実践会の会員が、小冊子を作っているかといえば、そりゃ、少数派だよね。

しかし簡単なやり方がある。ニュースレターを書いていると、それが1年経ったときには、けっこうなボリュームになっているから、それを製本する。すると自然に小冊子ができ上がる。一石二鳥だよね。

④優先的に、お客から声がかけられる

１６６、１６７ページのニュースレターは、住宅メーカー・セキスイの営業マン・網倉さんが、個人で出しているもの。会社じゃなくて、営業マン個人でニュースレターを出しちゃってるんですよ。よくがんばるよね。みなさん、拍手をお願いします！

このニュースレターを送り始めたとたん、展示場で、「網倉さんお願いします」というように、指名で予約が入るという。なぜこんなことが起こるかっていうと……そう、お客

した。

また、今回テーマとして取り上げたい、収納コーナーでは、皆さんが、今現在の収納で困っている点なんかを確認しながら、「今度家を建てるときはこんな所に、こんな収納を取りたいよね」なんて言いながら、実際に物を置いたりしていました。

収納とのはてしない闘い

納得工房の収納コーナーの壁には、「　主婦と収納のはてしない闘いに、ピリオドを！　」なんて言うコピーが張られていまして、その前で真剣に記事を読む奥様。収納に対する皆さんの関心の高さを再実感しました。

納得工房に来場された方に対するアンケートのなかで、「　現在のお住まいの不満点をすべてお答え下さい。　」という質問では、最も回答の多かったのが「　収納空間が狭い　」というものだそうです。

さて、ここでは「　収納の栄養学　」という記事を参考に、収納計画の７つのポイントについて、考えてみましょう（　別紙２）。今回は前半の３つを取り上げます。

３つのポイントのうち、私が一番興味を持ったのは、奥行きと使い勝手の問題です。

皆さんの家ではどのような奥行きの収納が多いですか？

わたしの祖父母の家などは、オール押入れといった感じで、奥行きが３尺（約９０cm）の収納ばかりです。遊びに行くと、子供心ながらも、なんて座布団とふとんの多い家なんだって思ったものです。

ただ、良く考えると奥行き３尺の押し入れは何かと不便です。ふとんは三つ折でないと入らないし、洋服なんかも、実際いれようとすると、無駄なスペースが出てきてしまいます。

収納の奥行きを、①１５cm、②３０cm、③５０cm、④６０cm、⑤１m（　ふとんが二つ折りではいるように９０ｃｍでなく、１ｍがこれからの常識のようです。　）に分け、どの収納にどんなものが納まるのかを、比べて見ましょう。　（　別紙　３、４　、写真４，５，６，７）

まず、１５ｃｍ（　写真４　）の奥行きには、ＣＤ、写真立て、小ビン、飾り物関係が多いようです。

３０ｃｍ（　写真５　）には、薬箱、本、辞書、お皿なんかが置いてあります。今回、写真が間に合わずのせられませんでしたが、リビングに奥行き３０ｃｍの収納を置くとこんな感じですよっていうものを、今度お見せしたいと思います。

そして５０ｃｍ（　写真６　）は掃除機、トイレットペーパー、洗剤、新聞紙などが置いてあります。主に廊下にこんな収納があれば便利だなーというものが入っています。

そしてそして、写真７の洋服がたくさんかかっている収納。これ奥行き何ｃｍだと思います？。洋服の肩幅と実は大きく関係してるんですが、６０ｃｍなんです。　よく、奥行き５０ｃｍの収納に、洋服をかけるシーンなんかもありますが、これは不便です。洋服が斜めにかかってしまいます。ご注意を…。

今回は収納の奥行きについて取り上げて見ました。是非あなた様も、今もっている持ち物から、現在の不都合な点、どのよう

（原文ママ）

ＮＯ１

平成１２年３月５日

長持ち住宅実践会ニュースレター

今月の話題

- 恐るべし！収納のマジック。
- 始まりました、皆さんの広場。
- これが最初で最後の長期休暇？

ご無沙汰しております。寒い日が続いていますが、皆様風邪などひかれてないでしょうか？元気だけがとりえの私は、なんとかやっております。

先日（２月１６日～１８日）念願の総合住宅研究所に２泊３日で行ってきました。

妊婦体験や、車椅子体験をはじめいろいろな体験をしてきました。

いやー、メーターモジュールはほんとにいいですよ。たった、１０cmの廊下幅の差がこれだけ生活を楽にするなんて、頭の中では分かっていたつもりでしたが、頭で分かっているのと、実際体験して理解することの違いに、改めて驚きました。（別紙１、写真　１，２、３）

このニュースレターの中で、皆さんにも、少しづつ紹介していきますね。

さて、総合住宅研究所、私達はよく、総住研なんて省略して呼ぶんですが、皆さんにとても役立ちそうな情報ばかりでした。

一言で、どんなところかというと、住宅の全てを実際に見たり、触れたり、体験しながら学んでしまおうという所です。あとでもお話しますが、実際に見たり触れたりと言うところがポイントなんです。

場所は京都の南部、相楽郡木津町、ほとんど奈良県との境に位置します。敷地面積は８５００坪の中に建築面積２９００坪、延べ床面積９７００坪の施設があります。

施設は開発を目的とした技術研究所と、実際に体験することを目的とした納得工房があります。今回は、納得工房で３日間体験してきました。

ここに行って、改めて感じたんですが、見学されている方の真剣さ、パワーはものすごいものがありました。今回、私は研修生として行ったんですが、ここには全国各地から住宅に関することを勉強しようと、たくさんの人が集まります。

だから積水ハウスを知りたい方だけでなく、住宅とはなんなのか、暮らしとはなんなのかを勉強したい方が集まってくるんです。

各階には、構造、断熱、浴室、階段などの、いろいろなコーナーがあるのですが、中でもすごかったのは「　キッチン　」と「　収納　」のコーナーです。

キッチンコーナーでは、ご主人が周りをうろうろする中、キッチンの大きさ、奥行き、高さ、対面式がいいのか、それともクローズドキッチンがいいか、などを考える、皆さん（特に奥様）の熱気が伝わってきま

は**一番信頼できる人から買う**からですよ。

何度も繰り返すけど、一度信頼が得られると、価格は二の次になる。私の推測ではほとんどの案件は網倉さんの見積もりで通っちゃうと思うんですよね。

⑤紹介が得やすくなる

ニュースレターを媒介にして、紹介を促進できる。

どうやるかっていうと、ニュースレターの最後の欄に次のように書く。

「このニュースレターをお友達に差し上げたい場合は、必要部数をお送りいたしますので、ご連絡ください」

また紹介キャンペーンの際には、ニュースレターを2部入れて、「お友達にもお渡しください」と頼んでもいいわけですよね。

⑥商品について、お客を教育できるようになる

「お客を教育する」ってことは、非常に重要。

ところが、堅っ苦しい、教科書みたいなニュースレターで教育しようと思っても、そりゃ無理です。みんな**教科書は読みたくない**からね。

そこで170、171ページを見てほしい。これはファイルド・アクティブ（現・株式会社プロ・アクティブ）のニュースレター。

この会社の場合は、商品の深さゆえに、どうしてもお客を教育しなけりゃならない。ところが、すべての商品を一気に教育することはできないよね。そんなの、歴史の授業で縄文時代から昭和まで、いっぺんに説明するようなもんだからね。

そこで、ニュースレターを使って、徐々に教育するわけですよ。すると、いつの間にか商品知識がついちゃう。

人間、**知識がつけば、欲しくなっちゃう**からね。さらに、人に説明したくなる。つまり、お客が営業マン化していくわけですよ。

このように、お客にスムーズに知識を刷り込んでいくうえで、ニュースレターは最適。

⑦「ここには自分の居場所がある」と、お客が感じるようになる

現在は、コミュニティ意識が希薄でしょ？　家族関係や会社の同僚意識ってものも、すっかり淡白になっている。

すると、その反動で、コミュニティに属したいという欲求がどんどん強くなっている。

逆をいえば、そのコミュニティを提供してあげられれば、お客はなかなか流出しないっ

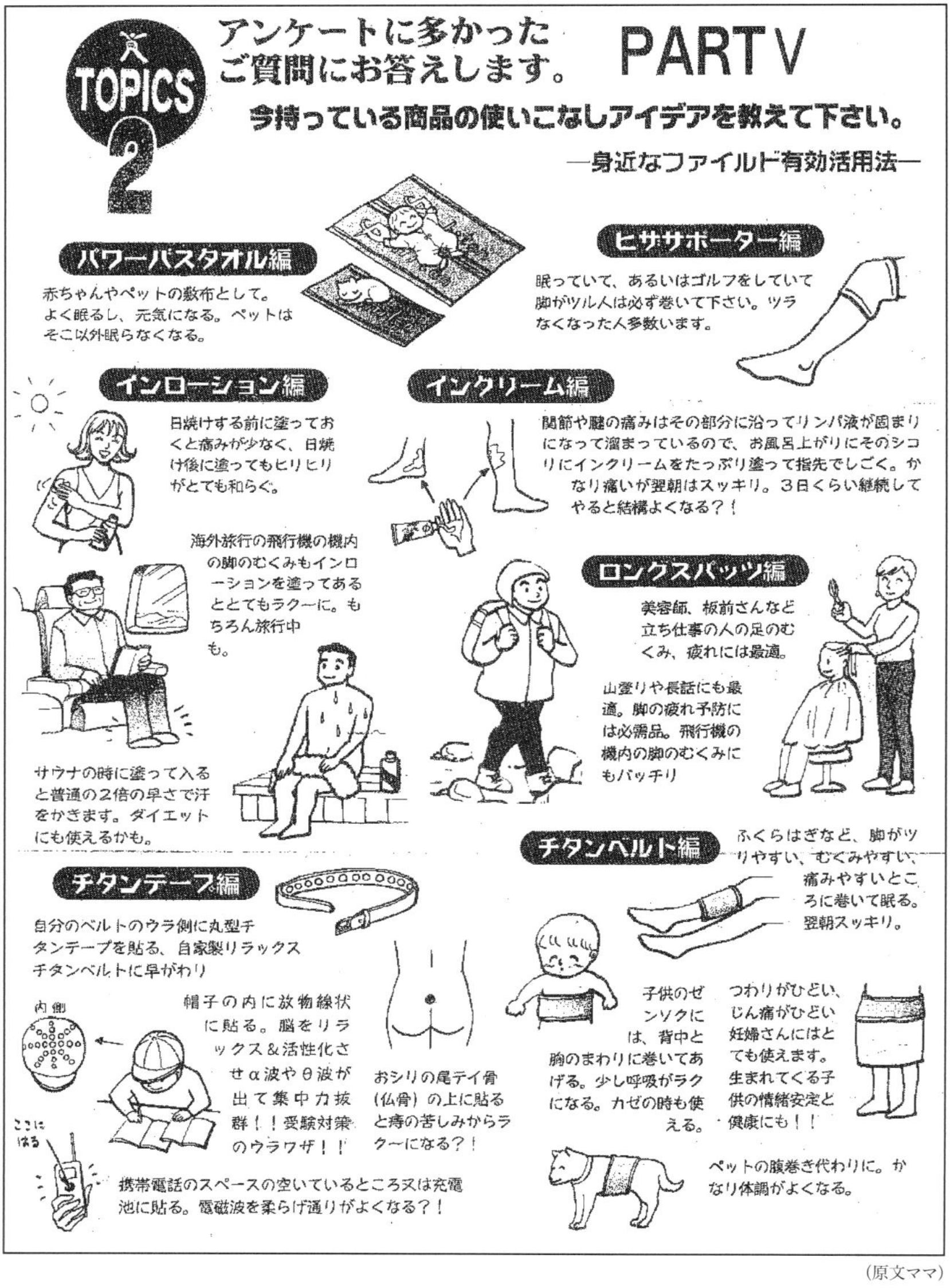

TOPICS 2

アンケートに多かった
ご質問にお答えします。 PARTV

今持っている商品の使いこなしアイデアを教えて下さい。

—身近なファイルド有効活用法—

パワーバスタオル編

赤ちゃんやペットの敷布として。
よく眠るし、元気になる。ペットは
そこ以外眠らなくなる。

ヒザサポーター編

眠っていて、あるいはゴルフをしていて
脚がツル人は必ず巻いて下さい。ツラ
なくなった人多数います。

インローション編

日焼けする前に塗ってお
くと痛みが少なく、日焼
け後に塗ってもヒリヒリ
がとても和らぐ。

海外旅行の飛行機の機内
の脚のむくみもインロ
ーションを塗ってある
ととてもラクーに。も
ちろん旅行中
も。

サウナの時に塗って入る
と普通の2倍の早さで汗
をかきます。ダイエット
にも使えるかも。

インクリーム編

関節や腱の痛みはその部分に沿ってリンパ液が固まり
になって溜まっているので、お風呂上がりにそのシコ
リにインクリームをたっぷり塗って指先でしごく。か
なり痛いが翌朝はスッキリ。3日くらい継続して
やると結構よくなる？！

ロングスパッツ編

美容師、板前さんなど
立ち仕事の人の足のむ
くみ、疲れには最適。

山登りや長話にも最
適。脚の疲れ予防に
は必需品。飛行機の
機内の脚のむくみに
もバッチリ

チタンテープ編

自分のベルトのウラ側に丸型チ
タンテープを貼る、自家製リラックス
チタンベルトに早がわり

内側

帽子の内に放物線状
に貼る。脳をリラ
ックス＆活性化さ
せα波やθ波が
出て集中力抜
群！！受験対策
のウラワザ！！

おシリの尾テイ骨
（仏骨）の上に貼る
と痔の苦しみからラ
ク～になる？！

ここに
はる

携帯電話のスペースの空いているところ又は充電
池に貼る。電磁波を柔らげ通りがよくなる？！

チタンベルト編

ふくらはぎなど、脚がツ
りやすい、むくみやすい、
痛みやすいとこ
ろに巻いて眠る。
翌朝スッキリ。

子供のゼ
ンソクに
は、背中と
胸のまわりに巻いてあ
げる。少し呼吸がラク
になる。カゼの時も使
える。

つわりがひどい、
じん痛がひどい
妊婦さんにはと
ても使えます。
生まれてくる子
供の情緒安定と
健康にも！！

ペットの腹巻き代わりに。か
なり体調がよくなる。

（原文ママ）

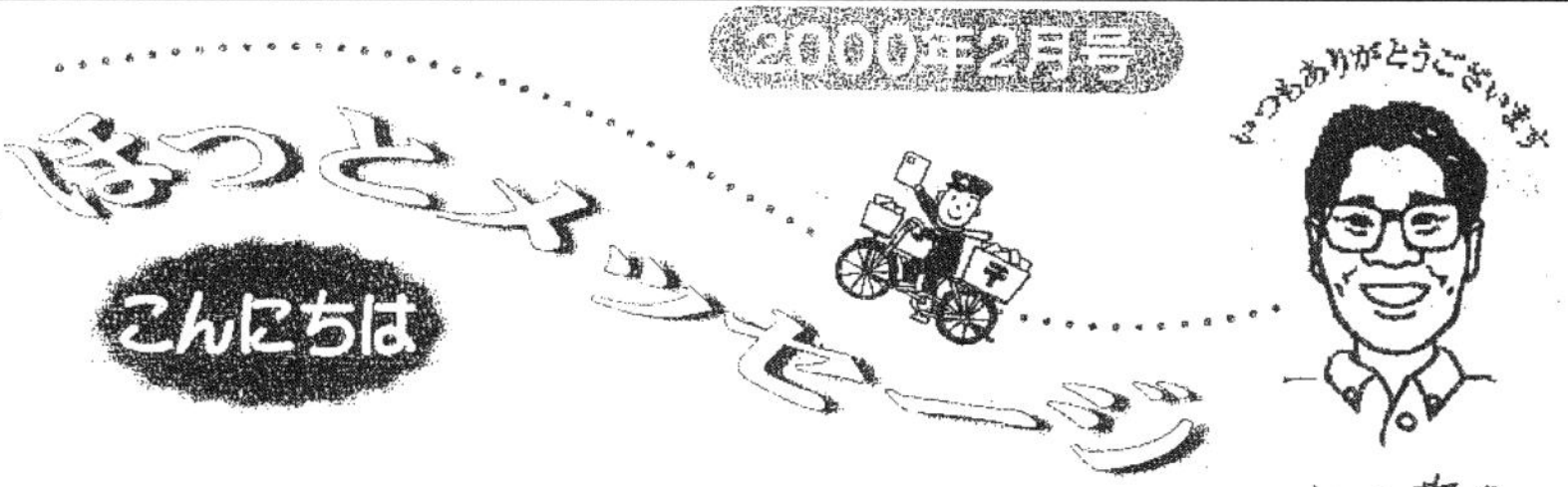

2000年2月号
いつもありがとうございます
ほっとメッセージ
こんにちは

山口哲史
（株）ファイルド・アクティブ代表

●もくじ●

TOPICS 1　箱根駅伝も、人生も粘った人間が勝つ？引き離されてもキレずに賢明に走り抜こう？！…………1P

TOPICS 2　アンケートに多かったご質問にお答えします。今持っている商品の使いこなしアイデアを教えて下さい…………2〜3P

お知らせ　朗報!!　いよいよ新ポイント制度2月からスタート…………4P

スタッフ伝言板…………4P

TOPICS 1

箱根駅伝も、人生も粘った人間が勝つ？！引き離されてもキレずに、懸命に走り抜こう？！

駒大花の２区 神屋伸行に教えられたこと

お元気でいらっしゃいますか？ カゼは大丈夫ですか？

突然ですが、**ある出来事があって**今年の正月から私は健康と体力維持のために週１回日曜だけ走っていた（7Km）のを、40才を目前に週４回走ることに切り換えました。今のところ約１ヶ月を経過して何とか“**続けられて**”います。もう習慣のレベルにきてるので大丈夫だと思います。但し、この“**続ける**”ということが一番人間は苦手です。３日坊主で笑って済ませてしまいます…。

今年の箱根駅伝の花の２区。そこは順大エース高橋（３年）と駒大エース神屋（２年）の一騎討ち。ここで差をつけた学校が“優勝”にかなり近づけます。高橋（報徳学園卒）神屋（西脇工卒）共に兵庫県出身で私と同じ。だから２人とも個人的な想い入れもあり、同じようにファイルド商品の応援をさせて頂いていました。２人とも素直でとても前向きな若者ですが“走るプライド”はとても高く、それが２人の自信になっていました。高橋が３年の意地で何回か突き放す、神屋も負けじと食らいつく。一時は10m以上の差がついたのを大矢木コーチのゲキもあり懸命に追いつき、又、歯を喰いしばって併走する…。**そんな光景を見ながらとても感動を覚えました。**普通は10m離されるとそれで終わり。99%あきらめます。そこを神屋は、決してあきらめずに喰らいつき、結局最後はほとんど同時にタスキを次の走者に渡すことができました。**ここが今回34年目にして初優勝できた駒大の勝利の分かれ目になったと私は思いました。**箱根駅伝の５日前に「今年は絶好調の時期が箱根に合いました。他の人には絶対負けませんよ」と言っていたことがとても印象に残っています。１年間、ピークを箱根に合わせてきた努力。昨年復路で大逆転され、２位になった悔しさ…全てのことがこの日の神屋の“粘りの走り”につながっていると思います。**決してキレない!! あきらめない!! 継続は力なり!! 努力は必ず報われる!!** そんなことをこの若者から学びました。**“達成したい想い”とそれを“行動”に結びつけ、“やり続ける”…。あきらめずに。仕事、勉強、スポーツ、ダイエット、健康維持、回復、これは全てのことに通じるかも。やり続けた人は神様からごほうびがもらえる。**さあ今日も２日に１回の早朝ランニングに出かけるゾ!! ファイト!!

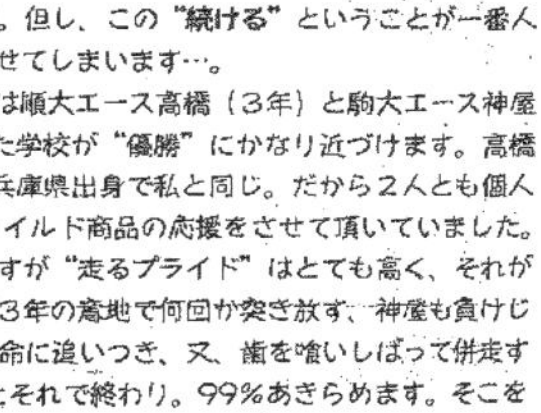

中面へ続きます

ってことだよね。

それじゃ、どうすれば、お客にコミュニティを提供することができるか？

ひと言で言ってしまうと、ニュースレターに「今月のお客様コーナー」を作って、お客を紙面に登場させる。さらに「今月のバースデー」コーナーを作る。ここではお誕生日を迎えた方を祝ってあげる。

このように、ニュースレターという紙面上で、コミュニケーションをとるようにすればいい。

この実践会のニュースレターでやっている「社長のアカデミー賞」*へのエントリーも、タネを明かせば、物理的な接触頻度を高めずに、いかにコミュニティを作り上げられるかっていう実験なのだ。

このようにゲーム性を生かしていくと、意外なほど急速にコミュニティの結束は強まることが分かりました。

⑧キャンペーンを考える必要性に直面する

毎月ニュースレターを出すと、けっこうな費用がかかることになる。

だから、せっかくニュースレターを送るんだから、商品の〝売り込み〟をしたいと思う

社長のアカデミー賞：105ページ脚注参照。

でしょ？ それは、当然の気持ち。

しかし、ニュースレターの中では、売り込みをしないほうがいい。最大の目的は売上を上げることではなく、信頼を得て顧客の流出を防ぐことだからね。

でも、**ニュースレター本文とキャンペーン情報を別にしておく**分には、売り込みは問題ない。

つまりね、ニュースレターの本文は身近な内容だけにする。そして、ニュースレターとは、別刷りで紙の色を変えて、売り込みのチラシを作る。そのチラシをニュースレターの間に挟み込む。これがベストだね。

今までいろいろテストしてきたけど、ニュースレターに売り込み情報が入っていた場合に比べ、チラシを別刷りにしてニュースレターの中に折り込んだほうが、反応が飛躍的にアップする。


以上が、ニュースレターの８大効能でした！

まだまだいっぱいあるけど、これでやる気になってもらえたかな？ 重要なのは、始めることだよね。

別にうまい文章なんか書く必要ないんですよ。ページ数だって、少なくていいんです。

たとえば、次ページのシゲエダゴルフさんのニュースレターというのは、A4用紙1枚だからね。しかも手書きだし、けっして見てくれのいいニュースレターではありません。でも、そこがいいんです。情報が伝わってきません？

結局、シゲエダさんも、このニュースレター書くようになって今まで売れなかった高価なドライバーが売れるようになった。なんかいいニュースレターを作ろうと思ったとたんに、大変になる。だから、とにかくやってみましょう。

やる気になったところで、よく質問されることを……。

ニュースレターはどのぐらいの頻度で出すべきなのか？

「毎月じゃなくて、3カ月に一度ではどうでしょう？」とかよく言われるんだけどね……それは甘い。

通販の例ではね、ニュースレターを年間4回よりは、年間6回のほうが売上が上がる。年間6回よりは、年間12回のほうが売上は上がる。

ある実践会の会社は、月に4回、なんらかの形で、お客に何か連絡が行くようにしている。なぜかっていうと、連絡頻度を上げるたびに売上が上がり続けているからですよ。

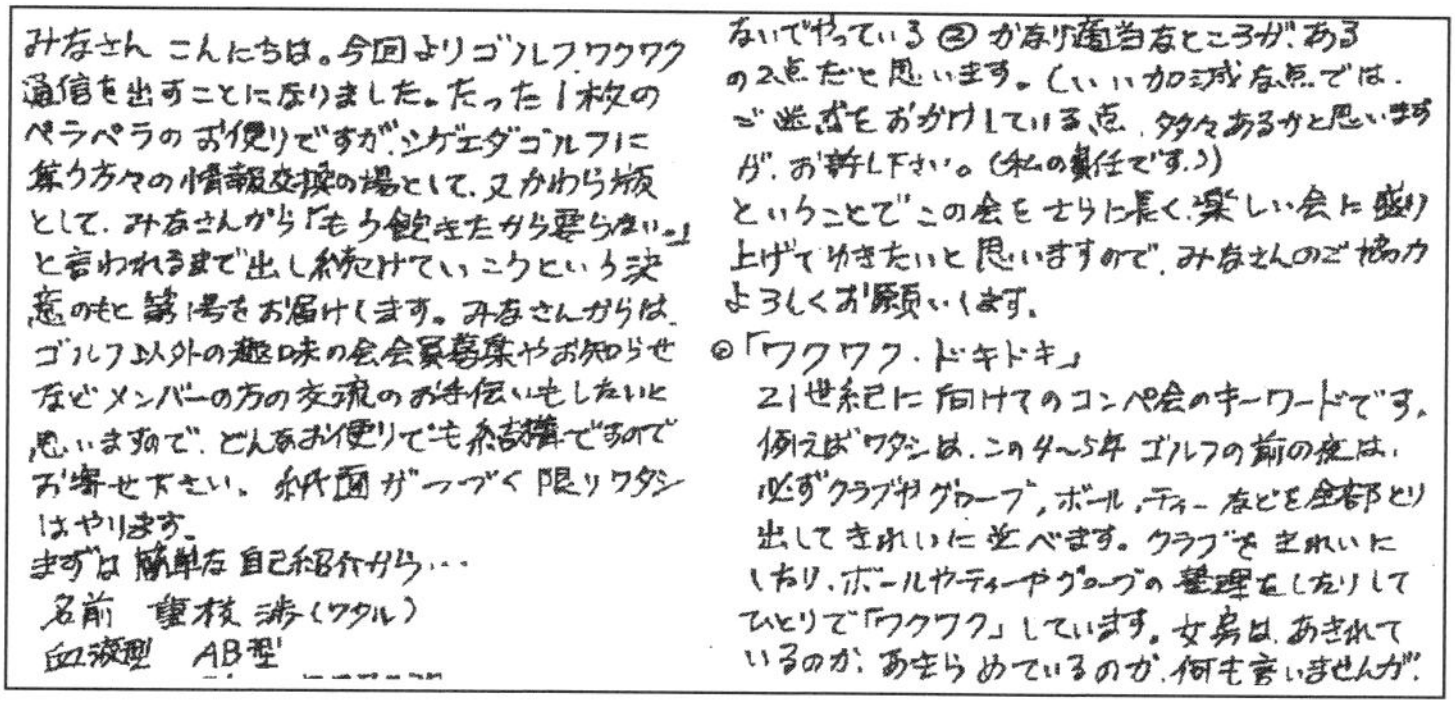

みなさん　こんにちは。今回よりゴルフワクワク通信を出すことになりました。たった１枚のペラペラのお便りですが、シゲエダゴルフに集う方々の情報交換の場として、又かわら版として、みなさんから「もう飽きたから要らない。」と言われるまで出し続けていこうという決意のもと第１号をお届けします。みなさんからは、ゴルフ以外の趣味の会会員募集やお知らせなどメンバーの方の交流のお手伝いもしたいと思いますので、どんなお便りでも結構ですのでお寄せ下さい。紙面がつづく限りワタシはやります。

まずは簡単な自己紹介から…

名前　重枝　渉（ワタル）

血液型　AB型

ないでやっている②かなり適当なところがあるの２点だと思います。（いい加減な点では、ご迷惑をおかけしている点、多々あるかと思いますが、お許し下さい。（私の責任です。））

ということでこの会をさらに長く、楽しい会に盛り上げていきたいと思いますので、みなさんのご協力よろしくお願いします。

◎「ワクワク・ドキドキ」

21世紀に向けてのコンペ会のキーワードです。例えばワタシは、この４～５年ゴルフの前の夜は、必ずクラブやグローブ，ボール，ティーなどを全部とり出してきれいに並べます。クラブをきれいにしたり、ボールやティーやグローブの整理をしたりしてひとりで「ワクワク」しています。女房は、あきれているのか、あきらめているのか、何も言いませんが、

（原文ママ）

要するに、まぁ「売上を上げるのに真剣であれば、頻度を多くしましょう」ということ。

自分で書くのが嫌だったら、誰か女性社員にやってもらうといい。実は、男性はあまり文章のセンスのない人が多い。逆に女性は、楽しみながら面白いものを作る人が多いのだ。

社員がやってくれないのであれば、外注すればいい。ただ、外注してもいいけど、内容は自分で考えて、あなたの味が出るようにしてほしいね。一般的な（教科書的な）内容だったら出さないほうがいいよ。最大の間違いは、つまらないニュースレターを出すこと。

面白いニュースレターを出してみると分かるけど、出さないっていうのは、愚の骨頂だよ。言っておくけど、初めは苦労する。けれど、それだけの効果は絶対あります。

ニュースレターを使って"短期間で"ビジネスを安定させる法

～独立起業時に有効なテクニック～

「自分（自社）のことを顧客に詳しく知ってもらって、信頼を得るには？」……独立起業の際の難問題である。これを解決する手段として、ニュースレターを活用した事例があった。一気に信頼を得ることができる、だから短期間でビジネスが安定する、というわけだ。

●独立後90日で軌道に乗せる方法！

実践会に入会して、独立起業。2年間で諏訪(すわ)地方トップの工務店になった人は誰かと聞けば、エルハウスのスーパー社長・平社長だ。

業界新聞では、セキスイ、ミサワ等の大手住宅メーカーと並んで数多く取り上げられている。

まさに住宅営業を変えたヒーローだが、その平社長に続いて独立した男がいる。

アルルホームズ明るい株式会社の安倍社長である。

安倍社長は、独立した当初はかなり不安だったようで、私のところにも泣きの相談が入ってきた。

まぁ、彼の実力からすれば心配する必要もないのだが、やはり不安なのだろう。

私も独立当初は、「うゎ〜、僕はもうダメかもしれない」と思ったことがある。ところが、そういう直後ほど素晴らしい結果が出たりするものだ。

つまり、不安というのは、その後の成功を劇的に演出する効果がある。だから、私は安倍社長に言った。

「もし不安がまったくなく簡単に儲かったら、社員はなんて思う？　それは会社にとって良いことだろうか？　〝この苦境を全員で乗り越えた〟という体験を共有することと、どちらが今この時点で重要だろうか？　もし社内の結束を高めたかったら、今の不安をどのように活用できる？」

答えは簡単である。**不安は成功のためにある。**

さて、安倍社長からのエントリー作品には、どの業界でも参考になる点がある。とくに、重要な点、新しい点を説明すると次の通りだ。

1．信頼性のない会社が、信頼性を出す方法　その①

消費者苦情センターの活用

次ページにある広告冒頭の表現は白眉である。

「消費者苦情センター電話029-225-○○○○まで訴えてください」

という表現。これは確実に、お客の目に留まる。

と同時に、「そこまで覚悟しているんだったら、どんな企業なのか見きわめてやろう」

という興味も湧く。

これは独立起業時には、きわめて有効だろう。

実際、訴えられたらどうするんだって？

いや、訴えられる確率はきわめて少ないと思っていい。そして実績が出次第、取りやめればいいので、現実的には、ほとんど問題は生じない。

2．信頼性のない会社が、信頼性を出す方法　その②

社長が前面に出る

社長の顔写真のキャプション「社長の私を厳しくお試しください」という表現は、化粧品のサンプル提供の広告見出し「まずは厳しくお試しください」という表現を流用したもの。

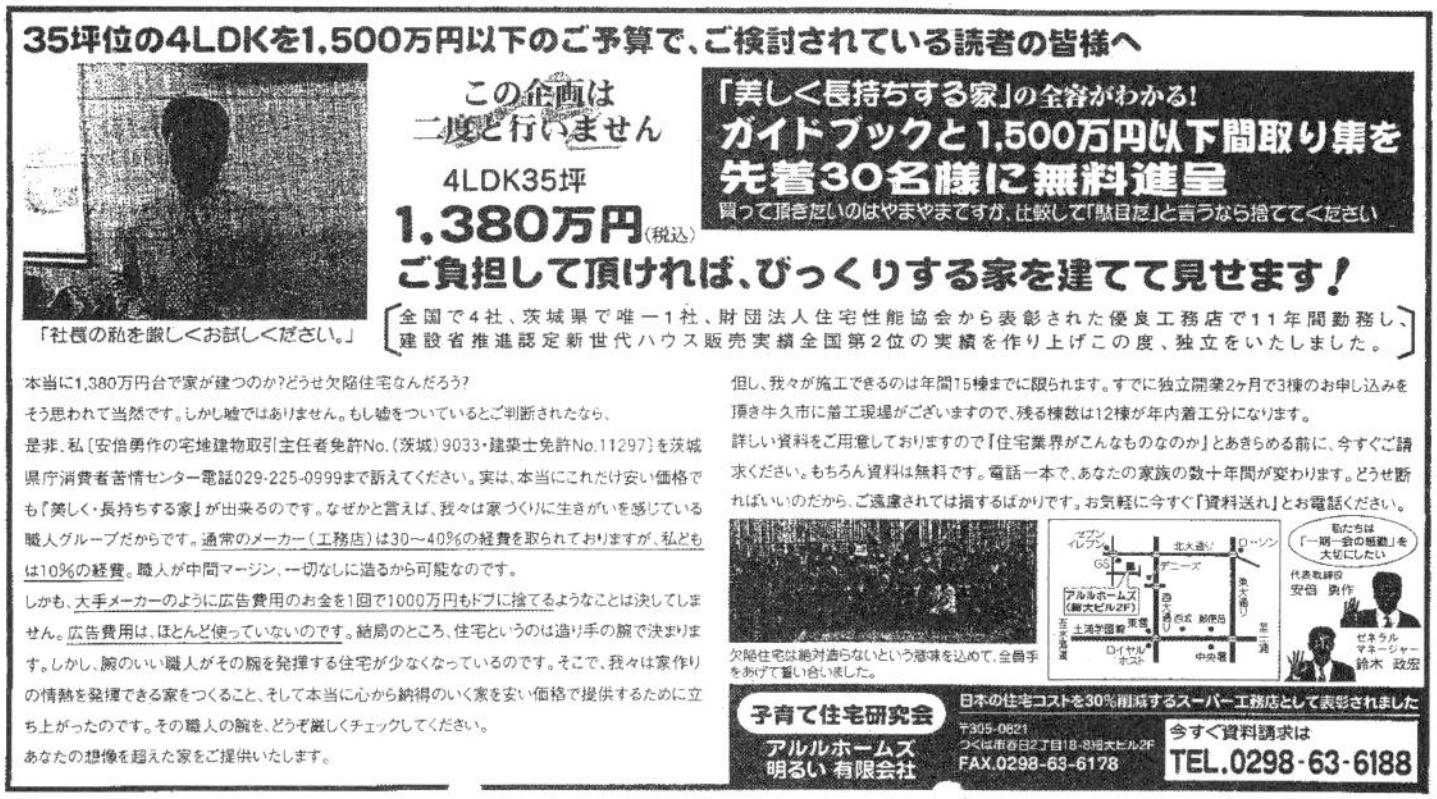

(原文ママ)

ここで社長が表に出て「逃げも隠れもしません」と宣言するアプローチは、創業間もない企業にはとても効果的。

一般的に考えられている以上に、お客は「問題があったときには、社長が逃げるのでは？」と思っている。

だから〝顔の見えない企業〟とは、取引を躊躇するのだ。

3. 売り込みの対象が明確

広告の冒頭で、「35坪位の4LDKを1500万円以下のご予算で、ご検討されている読者の皆様へ」と呼びかけ、集めたい見込客を限定している。

集客というのは、このように〝集めたいお客の層〟を明確にしないかぎり、効率的になるはずがない。

にもかかわらず、ほとんどの広告が〝すべてのお客〟を取り込もうと、商品特長を説明するだけに終始する。

安倍社長の広告の目的は、「35坪ぐらいの4LDKを、1500万円以下のご予算で検討されている方を集めることだけ」に集中している。

このように、**広告は目的を1つに絞ること。**そうすると反応が高くなる。

4. あなたの想像を超えた○○を提供します

アメリカの広告を見ると、この表現はかなり昔から使われており、コンスタントに反応が得られる表現である。

例：「あなたの想像を超えた味がここにあります」

「あなたの想像を超えた家がここにあります」

5. 縁起ものの活用

安倍社長は、住宅勉強会の広告も出している。来場記念無料進呈の「ひまわりのリース」は、景品としては素晴らしい効果だ、と私は想像する。

普段、我々が思う以上に、人は「縁起もの」が好きである。黄色い財布は売れるし、またツイてるシールも売れる。神社仏閣に行けば、多くの人がお守りを買って帰る。家相風水も気にしている人が多く、ビデオを配ってもセミナーを開催しても反応が高い。

だから当然、縁起ものを景品に使うと、来場者の反応が高くなると思っていい。

6. まずは「いい人」を徹底する

次ページのガレージセールのチラシを見てほしい。チャリティイベントを開催して、住宅販売の集客に役立てている。目的は、「安倍社長はいい人である」ということを知ってもらう。

見込客をスムーズに成約するうえで、「初回接触時には売り込みをしない」というのは、反応率に大きく影響する。

まずは「いい人」を印象付ける。

いい人になるのは簡単。何か品物をあげて、声を出さずに立ち去る。それだけでいい。すると注文が入ってくる。

もちろん歯医者さんや学習塾のように「お客が比較的、必要性を持って購入しなければならない」というサービスの場合は、お客に即、売り込みをしてあげるほうが親切。

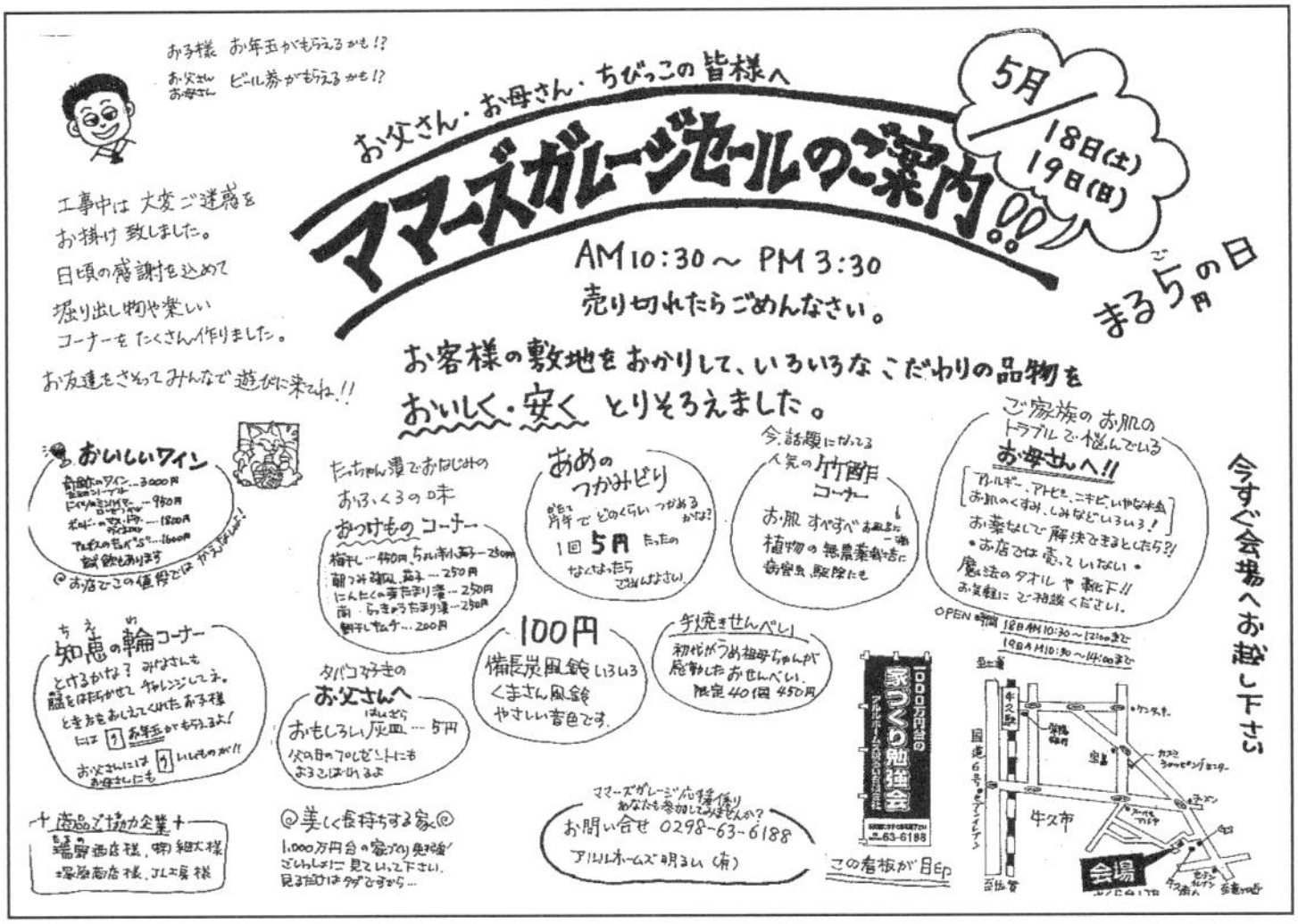

（原文ママ）

だが住宅のように、必要性よりも欲求が強い商品は、初回接触時は、資料や景品をあげる、イベントを開催する等だけに徹するといい。モノをあげたあとに、営業マンが電話をすると嫌がる。モノをあげる前に、営業マンとの接触を確保しておく。

安倍社長は、「社長のアカデミー賞を平社長の代わりに受賞します！」といって独立した。先輩に追いつけ、追い越せ。がんばれ、明るい株式会社！

ニュースレターをエンジンとする方法
～どのビジネスにも通用する数々のアイデア～

DM同様、いや、DM以上に各会社の個性を発揮できるのが、ニュースレター。さまざまな工夫を凝らし読者（顧客）をファン化させていくことは、ニュースレターの醍醐味でもあるらしい。〝さまざまな工夫〟といえばこの人「じじや」の秋武社長再登場。

●実践会ノウハウを実践する会社のニュースレター

「じじや」の秋武社長が発行しているニュースレターである。

このニュースレターを詳細に勉強することは、とても有益だ。単にうまく書けているという次元ではなく、彼の店でのいろいろな仕掛けがこのニュースレターと連動しているので、どのビジネスにとってもいくつものヒントが得られるだろう。

秋武社長が実践しているノウハウを説明すると、次の通りである。

1．マスコミに登場して無料で広告してもらい、しかも記者をファンにする

1999年当時、秋武社長は借金に悩んでいた。資金繰りに追われ、さらに追い討ちをかけるように出店していた基幹店の倉庫は閉鎖になった。

短時間で一気に集客しなければならない。しかもお金はいっさいかけられない。そのときに、あるアイデアが浮かんだ。

じじやの出店先である門司レトロタウンは、実はバナナの叩き売り発祥の地。その地元の芸を学んで披露することにより観光客を集め、観光客を自分の店に呼び込むという2ステップ戦略を考えたのである。

普通のバナナの叩き売りでは誰も注目しない。そこでバナナの着ぐるみ姿で叩き売りを開始した。その活動を自分でマスコミに売り込み、以来、マスコミ出演回数は40回を超える。

マスコミに登場するだけではなく、取材した記者に干物をごちそうした。あまりのうまさに取材した記者はじじやファンとなって、じじやを宣伝し始めている。

じじやのニュースレターには、ラジオ・TVパーソナリティからの投稿もあり、いかにマスコミをうまく使っているかが分かるだろう（次ページ参照）。

Page 4

突撃！バナナマン通信

～このページは、門司港でご活躍の[redacted]さんにご投稿いただいています～

パーソナリティー[redacted]の知れば納（な）トーク

「ニュース」の語源は？

これには次のような説があるのをご存知でしたか？

　まず、「東西南北」の方向説です。north（ノース－北）east(イースト－東)

west（ウェスト－西）south（サウス－南）のそれぞれの頭文字をとって、news が生まれたという説。

確かに、北から南,西や東へと刻々と情報は送られてきますね。

　もうひとつは、「新しい」の new を形容詞に使い「news-ニュース」と使ったという説。

毎日の新しい情報は、瞬時に私たちに伝わるようになっておりますね。

どちらが本当なのかはわかりませんが、私たちの生活に「ニュース」は欠かせないものとなっているのは確かです。テレビやラジオでニュースを読んでいるキャスターは淡々と原稿を読んでいるように見えますが、結構苦労しているのですよ！原稿が手書きの時なんか最悪！癖字のある人が書いた原稿なんか読めません。原稿のミスなのにそのまま読んで苦情の電話をいただいた時でもキャスターが謝らないといけない。テレビの場合表情にも気をつけないといけません。顔はあまり動かせないし、あまりニタニタできないし、髪型にも気を使います。常に緊張感を持ってしゃべっておられるのですよ！

一緒に考えよう

心の器って？

心の器は何でできていると思われますか？私は、「銀」と思うのです。

「銀」は磨かないとくすんできます。又、磨くと透き通るくらい綺麗になります。

熱を通すと熱くもなります。そのくらい「心」というものは環境で変わってしまうのです。

しかし、その「心」は磨けばいいというものではありません。「心」は、使わないといけません。感じて、悩んで、笑って、苦しんで・・・そこからどんな状況も受け入れていくことのできるたくましい心へと成長するのです。常に世間という磨き粉で綺麗になる「銀の器」があるのです。

もじ女　Tシャツ発売中

レトロ門司港　海峡プラザ
オルゴール館２Ｆにて
Ｔ/Ｆ [redacted]
１、９００円　Ｍ・Ｌサイズ
じじや　のフリーダイヤル[redacted]でも受け付け中

プロフィール

■西蓮寺僧侶
インターネットでの日替法話、講演会など幅広く活動中
■パーソナリティ
[redacted]を経て
TV･ラジオ･司会で活動中
■華道家･
1996 年以来、門司港にて毎年変えたテーマでの展示会活動を実施

http://[redacted]

（原文ママ）

2. タイプ字と手書き文字の組み合わせ

ニュースレターにしても、セールスレター（売り込みの手紙）にしても、手書き文字を加えるとガラッとトーンが変わる。柔らかくなるので、読みやすくなる。そして強調できることになる。このニュースレターから手書きの部分を取ってしまうと、味気ないニュースレターになってしまうことが想像できると思う。

セールスレターを何回も出す場合には、2回目のレターは、初回のセールスレターの文面に、フェルトペンで手書きの丸囲みを描き加えたり、アンダーラインを加えたりすると、まったく違った印象を読み手に与えることになる（次ページ参照）。

3. 無料の特典でお客を信者化する方法

このニュースレターの中には、「じじらーずニュース」という紙面がある（188ページ参照）。

じじらーとは、じじやのお客のことである。別に、じじらーになるための資格は必要ないが、とにかくじじやのファンのお客を「じじらー」と呼んでいるのである。そして、じじらーになると特典がある。なんと、ミドルネームの「じじ」をもらえるということである。つまり、神田昌典だったら〝神田・じじ・昌典〟と名乗っていいという許可がもらえ

この店は、強烈!!におすすめなので、1度は、入ってみてください。「え？こんなのおいてたの？」ってそんな店です

門司港のおもろい店！わがままな店！【ランド・ホー】

大切な記念日を演出し続け65年

「あ～～、何にしよう？」

大切なあの人へのプレゼントは、大事な人であればあるほど悩ましい。誕生日や結婚式。家族のお祝い。ありきたりの物じゃいやだし、かといって高価過ぎるのも・・・

「私らしくてちょっと小粋な、贈り物」

そんな時に、活躍するのが「ランドホー」

創業1937年に時計店として創業し、現在まで庶民の記念日を演出してきた店。当時の門司港といえば、華やかなりし「大正ロマン」頃。日本でも有数の貿易港として栄えた頃だから、それはそれは、オシャレな紳士や貴婦人が街を往来していたのです。

メーカー物や海外からの輸入品など当時の故障しがちな時計などを正確に修理できる技術力は、当時の門司港にたくさんいた外国人などにも信頼を集め、絶大な支持をえました。→門司港らしさを知りつくしたな

「実用的かつ機能的。しかもスタイルの美しさや希少価値を大切にする美意識の追求」

当時から受け継がれるその精神は、今のなおランドーホーのこだわりとして、受け継がれています。

と、ありきたりの紹介は、このくらいにいたしましょう！問題は、バナナマン的に見て、どこがすごい店なのか！

①「この店は、お客様を泣かせます。」

え？決していじめるのではありません。この店は、時計・宝石・めがねと「ここにしかない！」ような、品物ばかり置いてるのですが、中でも「オーダーメイド」のジュエリーは、感動もの。例えば、結婚指輪をオーダーで作る。その出来上がったものを見て、その場で嬉しくて涙を流すお客様が続出。自分の思い通りの物が出来上がる嬉しさは、その本人しかわかりません。

見事に、お客様の望みをかなえてくれる職人技なのです。

②「プレゼントの駆け込み寺」

もうどうしようもなく、自分でプレゼントを決められない人が、「何かいいものありませんか？」救いの手を差し伸べてくるのです。なんてことは、どこの雑貨屋でもありますよね。しかしですよ、それがお客様の満足を呼び、次から次へと紹介されてくる人が後を絶たない。つまり、ランドーホーだからこその、技術と美意識と個性だから決して他所では得られないものが、手に入るってワケです。紹介されてきた人が、同じように発する言葉が、「あ～～、こんなのが欲しかった！もっと、早く知ってればよかった！」

③全国から、お客が来る

もちろん、レトロには全国から観光客が来ますが、ここに来るお客様はレトロはどうでもいいのです。だって、ランドホーを目指してくるお客ばかりなのです。最近は、インターネットなどで見つけて、わざわざやって来るという。このような個性的な店は、すごいね。**レトロという観光客に頼らずに自力で全国から客を引っ張る**力がある店はそうそうありません。見事！

と言うことで、今回は、あなたの記念日をさりげなく演出してくれる、隠れた名店「ランドホー」紹介でした。気軽に店に入ってみてください。

有限会社　石丸時計店　ランド　ホー門司港1937
代表者：石丸　朋樹
〒801－0863
福岡県北九州市門司区栄町1-21
開店・午前10時　閉店・午後7時30分
電話・ファックス　093－332－0005
メールアドレス　llandho@sirius.ocn.ne.jp

この人→

お取扱商品：
ジュエリー：全般
時計：ハミルトン
眼鏡：川崎　和男氏デザイン
喫煙具：ダグラス社・ロンソン

←ショーウインドーには、毎週その時季をテーマに花が飾りつけられます。

（原文ママ）

じじら〜ずニュース

2002年 5月号 小倉駅アミュ店版

ありそうでなさそうな、アミュ店で なさそうで実際にあった 世にも不思議な話

川崎市のK様

出張帰りにじじやでお土産をお買い上げになられてキャンペーンの抽選用紙を書いて頂くようにおすすめしたら、まだ家移りして間もないとの事で住所がわからないのをわざわざ携帯電話をして新しい住所を確認して書いて下さいました。 しかしその時は当たりませんでした。その後、お客様が再度いらっしゃってお買い物をして下さいました。 私は前の事はすっかり忘れていて又抽選用紙をおすすめしました。今度も又、お客様はいやな顔もされずに 携帯電話でわざわざ確認をされて書いて下さいました。その時私はお客様に内心悪い事をしたと思いました。しかしその分か今度は見事当たりました。当選者の名前の中にK様のお名前を見つけた時に 私は思わずK様のお喜びになる顔が思い浮かび やったと心の中で叫びました。K様おめでとうございます。今度いらっしゃいましたらこの話をしてK様に架って頂ければと思います。

八幡東区のX様

毎度のお得意様(御婦人)が霜降りあじをお買い上げ下さいました。お客様が言われるには御主人様も時々じじやでお買い物をされるとの事でした。私としてはお客様が御夫婦お揃でいらっしゃりもしないのでどのお客様とどのお客様が御夫婦等とは知る由もありません。いつも朝ようにキャンペーン抽選用紙を書いて頂きました。ところが、夕方男性のお客様が出張帰りにいらっしゃってさばみりんと玄海あじをお買い上げになられて、このお客様にもキャンペーン抽選用紙を書いて頂きました。どこかで見たお名前と思いきや何とお昼のお客様の御主人様だったのです。私は嬉しくなって直ぐにお客様の所へお電話して御主人様のお買物明細を報告いたしました。

読んだ後で何故か生きる勇気がめらめらと湧き上がって来た方が少しでもいらっしゃれば 編集者として幸いです。 何故か虚しさだけが残った方は 編集者の力不足で申し訳ありません。 次号に期待して下さい。

(原文ママ)

るのである。お客は信者度が進めば進むほど、このような訳の分からないオファーについても反応するようになる。

4. エモーショナルな写真

ＤＭに関連したエモーショナルな写真を掲載することは、すでに何人もの会員さんがやり始めているが、既存客にはきわめて効果的である（次ページ参照）。

購買とは、感情である。感情のバランスを崩すことから始まる。怒りや、喜びや、涙等の感情的な光景を見せることにより、お客の反応を誘発することができる。

私が今までやった写真は、「眼鏡を外して泣き崩れる写真」「髪の毛を引っ張り上げて、怒り狂う写真」である。どちらも反応が高い。

5. 有名人の活用～第三者の信頼性を流用する法～

とにかく反応を上げる方法として効果的なのは、マスコミに掲載された記事、有名人の名前、そして有名会社との取引実績である。「あの香取慎吾さん絶賛の……」という表現を、秋武社長が何度となく使っているのは、それだけ効果的であるからであろう（１９１ページ参照）。

売込みです！

ありがとうございます

ある人が、言いました。

人は、悲しみが深ければ深いほど

後の喜びは、

でっかい！

在庫の山を前に、泣き崩れる社長を励ます宮本

みなさん、ありがとうございま～す！

といっても、このお手紙を読んでる人は、遠方の方が多いので、何がなんだかわからないと思います。

まずは、右の記事をお読みください。⇒

これは、先日５月１１日に朝日新聞に掲載された「じじやの悲劇」の記事です。

実は、このたびの**ゴールデンウィークは、本当に雨雨雨**・・・カ一杯の雨でした！おかげで、前年対比、コンスタントにここ３年オープン以来、１３０％以上の売れ行きを見せていた「スーパー干物屋」じじやも、なんと、ゴールデンウィーク中、昨年より４０％もダウンだったのです！とほほ・・・

じじやのような小さな店だからいいような物の、これが**ユニクロのような大きな会社だったら、すぐに「社長交代！」**です。

記事のとおり、売上の予定より４５０万円分も売り残してしまった。あ～～～、神様！支払が・・・

お先真っ暗、もう一体どうすればいいの・・・ところがです！とんでもないことが起きたんです！ふふふ・・・ガチンコ風に言うと、

泣きっ面にハチセール

門司レトロ

雨の連休で売れ残り
海産物店がバーゲン

門司港レトロ地区（北九州市門司区）の海産物販売店が10日、「泣きっ面にハチセール」と銘打った特別バーゲンセールを始めた。雨にたたった大型連休で売れ残った干物などを2割から5割引きで販売する。12日まで。

アジの開きや「イワシせんべい」などを扱っている「じじや」（秋武政道社長）で、連休期間中の売り上げ目標を700万円に設定して商品を仕入れたが、雨で客足が遠のき、450万円分の商品が売れ残った。

門司港レトロ倶楽部によると、4月27日から5月6日までの連休期間中、レトロ地区を訪れた観光客は18万人で、昨年同時期に比べ3万人少ない。さらに対岸の山口県下関市に大型飲食施設ができ、レトロ地区で買い物をする観光客が減る傾向にあるという。

朝日新聞
2002.5.11（土）
朝刊掲載

いったいこの先、じじやは、どうなってしまうのかーっ！？

次のページへ⇒

（原文ママ）

ふぅ〜、やりました！完売！

地元の皆さん！ありがとうございます！感謝！感謝！新聞広告のおかげもあって、ほとんど在庫完売しました。そこで、この嬉しさに調子に乗って、**遠方の方々にも、**

「泣きっ面にハチセール」開催でーす！

皆様方に救われたじじやですので、当日来れなかった皆さんにもこの喜びを分かち合っていただきたいと思います。ホントは、「何だで、近場の人ばかりなんだぁー！」と言われるのが、怖い・・・

では、その内容ですが**香取慎吾さん絶賛の「いわしせんべい」** （手書き：って、とても香ばしい！）

これを改めて、大放出いたします。泣きっ面にハチ当日と同じように、太っ腹です！

たくさん買えば安くなる！と言う形で、行いたいと思います。（手書き：パリパリ、パリパリ食べまくって下さい！）

では、あの伝説の香取慎吾絶賛の「いわしせんべい」を今一度、復習してみましょう。

テレビに出た！香取慎吾、絶賛！

あの「いわしせんべい」です。

昨年6月23日放送のフジテレビの「サタ☆スマ」に小倉のジャズダンス娘3人が、出演しました。その時、彼女たちが、じじやの「いわしせんべい」をお土産に持って行ったのですが、その状況を伝えてくれたのがこのお手紙です。⇒

この「いわしせんべい」おかげでたいへんな好評を得まして、今では、霜降りアジとともに、じじやの**看板商品**に育ってきております。

（手書き：重要！）小いわしを開いて揚げて、砂糖・しょうゆ・みりんなどで味付けした、栄養満点のスナックせんべいです。もちろん、カルシウム満点ですので、お子様からお年寄りまで、喜ばれすぎ！ぐらいに、喜ばれております。

（手書き：★ヨダレがたれさがるぐらい、大喜びされてま〜す！）

今回は、このじじやのニュースレターをお読みの方々だけに、改めてご用意いたしまして、感謝の大放出です。ただし、当日のセールで、完璧に大赤字状態でしたので、数を制限させてください。（手書き：急いで!!）

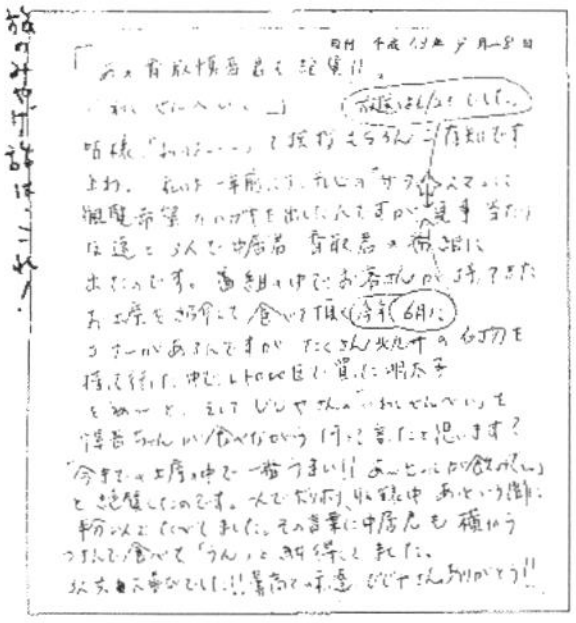

小倉北区 [redacted]さん からのお便りです。
ありがとうございます。

【限定100名さま限り】平成14年6月15日消印有効までのお申し込みとさせていただきます。

雨にたたられたゴールデンウィーク。**失われた売上を探せ企画！紙上「泣きっ面にハチセール」**

お申し込みは 今すぐ！（手書き：お申込はカンタンです！）

（手書き：お喜びの）**じじや太助**

追伸 たくさん買っていただければ、いただくほど、お得です。健康にもいい。また、お茶の間でのおかし、職場でのお茶のお供に、香取慎吾の話題つきで、楽しいひと時を！

お申し込みは、ピンク色の申し込み用紙で、今すぐ。を持って！（手書き：書きましょう！）

（原文ママ）

このように有名人の推薦、有名人との取引実績があった場合には、できるかぎり掲載する。チラシで掲載すると問題だが、DM等のクローズドの場合には見逃されるケースも多い。

6．お客様の声の大量掲載

お客様の声を大量掲載、しかもキャンペーン商品に関連するお客様の声を、適切に利用。読むか読まないかが重要なのである。

これだけお客様の声を掲載できるということは、それだけ定期的にお客様の声を集めているということである（195ページ参照）。とくに重要な点は、実名、年齢まで掲載されていること。そして裏面に、お客様の声の見本が掲載されていることである。

よく「お客様の声が集まりにくいのは、なぜか？」という質問があるが、その1番目の理由が、「見本がないから」ということである。お客様の声を集めるシートの裏に、お客様の声の見本を掲載する方法は、非常に有効。

7．申込書で、もう一度、商品内容をダメ押し

申込書は、DMの中でもっとも重要な部分。突きつめれば、申込書に住所・氏名を書いてもらうことで売上が上がるわけだ。

そこで、申込書1枚を見るだけで、商品が買いたくなるくらいの工夫が必要になる。そ

のためには、まず申込書自体が分かりやすく、記入しやすくなければならない。

さらに、申込書自体を目立たせなければならない。**目立たない申込書を作るのは、店にレジを置かないのと同じ**である。

要するに、どこにお金を支払うのか分からない場合には、買い物をしないということだ。申込書を目立たせるためには、申込書を厚紙にする、ほかの手紙と違った色にするという工夫がある。そして申込書の裏は、何も記入しない。つまり片面印刷にしたほうが反応がいいことが多い。申込書に小さな商品サンプルをホッチキス止めにしておくと、反応が高まることが多い。

8．ランキング掲載による、注文のしやすさ

商品がいっぱいある場合には、人間は選ぶ苦労よりも、選ばない楽を選んでしまう。つまり売上が上がらなくなる。

そこで商品がいっぱいある場合には、ランキングを掲載したり、「お勧め」や「新製品」にマークを付けたりして売上を上げていく。一般的には、一度に選択肢が４つを超えると反応が落ち始めると考えてもいい（１９６ページ参照）。

9. キャンペーンで当たるという可能性を強調

抽選キャンペーンの場合、もっとも反応を落とす理由が、「当たるはずがない」というお客のあきらめの気持ちである。

そこで秋武社長は、執拗(しつよう)に「あなたも当たる！」というメッセージを繰り返している。

このように、お客にキャンペーンに応募してもらいたいのであれば、応募にあたっての心理的障害を取り除くことによって、反応率は伸びる。

この原則は、キャンペーンの応募に限らない。たとえば、見積もりが欲しいのであれば、見積もりにあたって感じるお客の心理的障害を取り除く。

具体的には、「見積もりをしたら、断ることができない」という心理的障害がある。その心理的障害を事前に打ち砕く。

つまり、

「見積もりをお願いしましたが、断っても非常に丁寧に対応していただきました。次回はぜひ、よろしくお願いします」

なんていうお客様の声を掲載することにより、見積もり依頼の反応はアップするのだ。

あなた様の声をお聞かせください

待って まぁ〜す！

じじやの商品を召し上がっての感想はいかがでしたでしょうか？

今、じじやでは、「お客様の声」を募集しています。皆様に、おいしいお魚の味や、昔ながらの味をお伝えするのに、実際に食べて頂いたあなた様の率直なお声が、何よりの力となり、また私どもの今後の参考となります。じじやの商品、店、食べての感想文、他店との違いなど何でも有りですので、お気づきの事をお寄せください。応募の用紙や書き方など、一切自由です。大学ノートでも、便箋でも何でも結構です。文でも似顔絵でもご自由にお書きの上、お送り下さい。

プリクラもOK！できれば、手書きでお願いします。（もちろんワープロでもかまいません。）

日付　平成　　年　　月　　日

※紙面に掲載する場合、お名前を載せてもよろしいでしょうか。□はい　□匿名で　□年令はダメ

（ご住所）〒　　　　（お名前）

（Eメール）

(お電話)　　-　　-　　(お誕生日) M.T.S.H　.　.　(ご年令)　　才

●お送り先　（同封の封筒をご利用ください。）　ご質問電話 [redacted] 迄

〒801－0802 北九州市門司区 [redacted] じじや「お客様の声」係

門司港店に、お持ちいただいても結構です。Eメールをお持ちの方は　ganbare@jijiya.com 迄

24時間受付FAX [redacted]

（原文ママ）

門司港 **あじだより**

2002年5月号

今年のゴールデンウィークは雨が敵…

今年のゴールデンウィークは、昨年以上の人出になると予想していましたが、5月3日〜6日までの4日間のうち、3日が雨。他のお店へのライバル心も雨と共に流れ去っていきましたが、それでも悪天候の中、門司港レトロ（特にじじや）に来ていただいたお客様には感謝しております!! また、お天気のいい日にぜひ、じじやに遊びに来て下さいね。

2002年ゴールデンウィーク じじや 売れすじベスト3!!

- 第1位 霜降あじ → やはりコレ!! ダントツの1位!!
- 第2位 いわしせんべい → 香取慎吾絶賛で堂々の2位!
- 第3位 バナナジュース → 味にうるさいじじやの傑作!!

「門司港あじだより」はじじや門司港店にて作成しております。
ご意見・ご感想・じじやネタは、[redacted]へTEL・FAXお待ちしてます!!
※電話注文はしてません。

編集後記

ゴールデンウィークに、声を出しすぎて、私の声が出なーーい！ 誰かー助けてー!!（看板娘 月見）

みなさん今年のGWはどこに出かけましたか？ 海外？ 国内？ 次のお休みはぜひレトロへ!!（バナナ小僧 諸井）

GWにおいしいものを食べすぎてさっぱりした食事をしたい方ししやのお魚をどうぞ！（即戦力 中島）

（原文ママ）

10. メディアを持つことによる他社との連動

１８７ページのニュースレターで、ランドホーという店を紹介している。以前、ワインショップのカンティナーのソムリッチ大橋先生が、ニュースレターで取引先のレストランを紹介したところ、そのレストランにお客が殺到したという話があった。

ニュースレターというのは、発行部数が多くなってくると、すでに自社媒体。あなたが思うより、よほど大きな影響力を持ってくることになる。化粧品の通信販売会社の会員さんは、自社ニュースレターの取材で、なんとタワーレコードの支社長にインタビューをしている。

秋武社長がランドホーを紹介すれば、お客がランドホーに殺到することになる。すると、今度は、ランドホーに集まったお客は、じじやの割引クーポン券をもらうという仕組みにしておけば、仲間の間でお客をグルグル回すということが可能になる。要するに、**自分が宣伝されたければ、まず相手を宣伝**したほうが早い。

11. お客に仕事をさせる。みんなで投稿を強調

「必ず一度はイラストを書かないと損をするらしいと云う事はイラスト書くと必ず得をすると云う事か？」と書いてある（１９８、１９９ページ参照）。

コーナー
イラストも待っています!
必ず一度はイラストを書かないと損をするらしい
と云う事はイラスト書くと必ず得をすると云う事か?
イラスト大賞に
選んで頂いて、ありがとうございました!
干物 おいしく頂きました!!
鯵は、大きく油がのっていて 最高(^^)
小さめの 白身の魚が何か?わかりませんでした。あれは何という魚でしょうか?(顔が丸かった…。)
こっちも、魚はおいしいのですが、この干物の味つけがとっても気に入ってるので、
また注文したいと思います。
ありがとうございました。
坂井郡 ?崎智子様(30才)
ガブリッ!
おめでとうございます!
妻が九州に里帰りした時に、
妻の両親が埼玉に送ってくれました。
私はもう魚が大好きなので このじじやさんの
霜ふりあじの おいしさに超感動致しました。
身が厚くて ぷりぷりしてて おいし〜い!!
毎朝のおかずとして 焼いて食べてますが
1日仕事を頑張れる味です。
あらかぶも あまりのおいしさに やみつきに
なりそうです。今度自分も九州に行った時
是非行きたいと思います。こっちのスーパー
などで売ってるものより 大きさもかなり大きくて
食べごたえ満点です!!
川口市 野村?史様(27才)
おいちっ!
じじやはいつでもお待ちしております
目玉って本当美味しいよね→
物なので
目的は
で1万円近く
ジジ
様(52才)
最高に美味しいです。
ごたえはあるし、息子
が美味しいなんて、
でしょう?!
みます。
しず香様(45才)

(原文ママ)

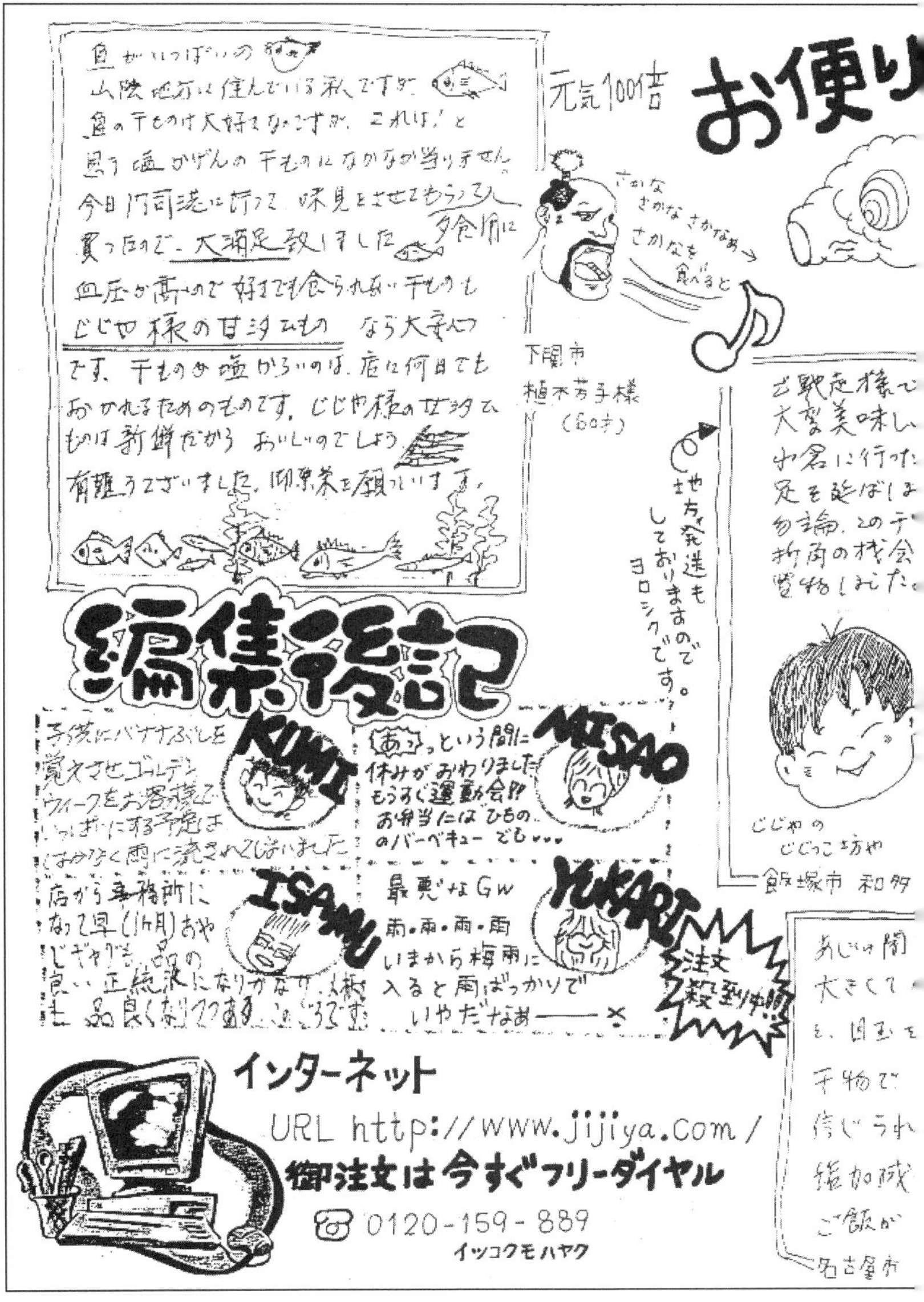
魚がいっぱいの
山陰地方に住んでいる私ですが
魚の干ものは大好きなのですが、これは！と
思う塩かげんの干ものになかなか当りません。
今日門司港に行って味見をさせてもらって
買ったので大満足致しました 夕食前に
血圧が高いので好きでも食られない干ものも
じじや様の甘汐ひもの なら大丈夫
です。干ものが塩からいのは店に何日でも
おかれるためのものです。じじや様の甘汐ひ
ものは新鮮だから おいしいのでしょう。
有難うございました。御案茶を願いいます。
元気100倍
お便り
さかな さかな さかなぁ→
さかなを食べると
下関市
植木芳子様
（60才）
地方発送もしておりますのでヨロシクです。
ご馳走様で
大変美味し
小倉に行った
足を延ばしま
勿論、このデ
折角の機会
登録しました。
じじやの
じじっこ坊や
飯塚市 和夕
あじの開
大きくて
と、目玉を
干物で
信じられ
塩加減
ご飯が
名古屋市
編集後記
KUMI
子供にバナナぶしを
覚えさせゴールデン
ウィークをお客様で
いっぱいにする予定は
はかなく雨に流されてしまいました
MISAO
あっという間に
休みがおわりました
もうすぐ運動会!?
お弁当にはひもの
のバーベキューでも・・・
ISAMU
店から事務所に
なって早（1ヶ月）おや
じギャグも品の
良い正統派になりかなり人柄
も品良くなりつつあるこのごろです
YUKARI
最悪なGW
雨・雨・雨・雨
いまから梅雨に
入ると雨ばっかりで
いやだなあ――
注文殺到中!!
インターネット
URL http://www.jijiya.com/
御注文は今すぐフリーダイヤル
0120-159-889
イッコクモハヤク

ここで重要なのは、「お客に仕事をさせている」という事実。

消費者向けのニュースレターは、字ばっかりというわけにはいかず、イラストを掲載する必要がある。

そこで、イラストを書くのが面倒であれば、お客に書いてもらうようにする。イラストとか、俳句というのは、けっこう趣味の人がいて、募集すると積極的に応募してくる。

年配の人が対象のニュースレターならば、毎月、俳句コンテストをやるのもいい。じじやでは、お客からのイラスト作品を封筒に使っている。このように封筒でも飽きさせない工夫がされている。

12. ネーミングの秀逸さ

ネーミングの分かりやすさは、売れるための大きな要因である。

ヤマト運輸の小倉昌男会長が書いた『経営学』(日経BP社刊)では、ネーミングから経営が善循環に入ることがあると指摘している。たとえば、「アート引越センター」は、そのネーミングで顧客拡大が簡単になった。なぜなら電話帳の一番最初に掲載されるからである。以前紹介した、板金修理のチェーン「キズ・ヘコミ110番」も、直感的に分かる、戦略的に考え抜いたネーミングである(フォレスト出版刊『不変のマーケティング』参照)。

今年も納税額全国5位につけた銀座日本漢方研究所の斎藤一人先生の場合も、素晴らしいネーミングが大成功の大きな要因になっていることは間違いないだろう。

今回の秋武社長の商品ネーミングも消費者視点で分かりやすい。「とりあえず食べてみよう」コース、「ご近所にも、配ってあげよう」コース、「俺が宣伝してやる」コース等々。目的別に分けてネーミングをしているところが秀逸である。

13. 売ったあとに何を売るのか考える。必ず考える

これは最大のレッスンだろう。ＶＩＰ会員用のお手紙であるが（２０３ページ参照）、このようにオファーがなくても、気合だけでＶＩＰ会員の特典となってしまう。

追伸では、さらに商品を販売している。ＶＩＰ会員というのは、定期宅配で干物を買うお客である。

通常であれば、毎月干物を買うのだから、もうこれ以上買わないと思ってしまう。それは大きな間違い。お客の中には、あなたが提案した量をそのまま買っていく〝仏のような〟お客が、一定の割合で必ずいるのである。

たとえば、家族４人で食べられるのは、月に４枚だと思っても、６枚を注文してしまう。「余ったら、周りにあげればいいや」ということになる。つまり売る側が、「どうですか」

と提案する量を、そのまま買っていく。

要するに、提案すれば買っていく。

提案しなければ、どうなるか？

消費欲求は消えないので、他者の製品を買うことになる。その結果、つまらないものに手を出すことになる。

あなたが売り込みに怠惰になると、お客は変な商品をつかまされてしまう。**お客に損をさせてしまう**のである。だから、あなたが素晴らしい商品を提供しているのであれば、商品を提案し続けなければならない。

お客がある商品を買ったら、その商品を納品するときに、必ず次の商品を提案しなければならない。これは必ず、だ。

具体的には、購入者限定の特別ご優待の商品や割引企画を用意する。次から次へと提案する。売ったあと、また売るということが重要なのである。

売って安心するのではなく、売ったら次に何を売ればいいのかと即、考えること。なぜなら、あなたが売らなければ、お客はよりサービスや商品が悪い会社に流れてしまうからだ。

じじや VIP 会員

神田 昌典 様

↑ 「私は、VIP 会員など申し込んだおぼえはないぞ！」
と、言われる方もお読みください。

北九州のゴールデンウイークは、5月5日を除いては、ず〜と雨降りましたが、あなた様の地域は、いかがだったでしょうか。

もしかしたら、仕事をしつづけたりした方もいらっしゃったかもしれません。
あるいは、ゆっくりと鋭気を養った方も、いらっしゃるのかもしれません。

おかげさまで、じじや太助は、ず〜〜と、仕事をさせていただきました。

仕事ができるのが一番の喜びとは申しますが、特に、最近のお客様からのメッセージなどを聞いておりますと、本当に、「じじやをやっててよかった」と、嫁さんと話すのです。

この VIP 会員と言いますのは、じじやの「年間宅配プラン」を、ご注文いただいたお客様のために新たに作らせていただきました。

で、何が違うかと申しますと、じじやの「あなた様に対する気合」が違います。
なにしろ、一年分を先払いしていただいてまで、じじやをご愛顧いただいているわけですから、この上ないお客様です。

「なんだ！もっと、他の意味はないのか！」

とおっしゃるかもしれませんが、まだまだ、未熟者の私。何をすれば喜んでいただけるのか？思案中でございます。

そのようなことで、これからもじじやに対しまして、色々と一番のご意見番といたしまして、メッセージをいただけますように、お願い申し上げます。

じじや太助

追伸　今、近海物のアジが、最盛期になってます。お客様全員にご案内することは、数に限りがあるためできませんが、今日獲れたもの（5月25日）が脂のりがよかったので、お知らせしたいと思い、VIP 会員様に先にお知らせするために、急遽、申込書を作りました。

明日から、玄海灘方面の漁が禁漁（満月の日は漁ができません）に入りますので、また数日、作ることができません。これからは、だんだん、脂のりが落ちていくものと思われます。霜降りアジほどの脂乗りではありませんが、玄海灘の五島から対馬にかけての真アジです。少し小さめですが、色々と試してみようと言われる方は、お申し込みください。

あっさりの中にも、深みのある味わいがとても上品です。
オヤジも晩酌セット5月号　限定100セット。VIP 会員様のみのご案内です。**申し込みは、6月7日まで**でお願いいたします。

申込書は、裏面です⇒

（原文ママ）

第4章

「禁断のセールス」編

本章では、顧客とのコミュニケーションの派生型として、
セールス（トーク）、いわゆる「営業術」についてのトピックを紹介する。
ただし、神田昌典の営業術は、かなり強烈だ。
これまであなたが上司や先輩から教えられてきたものとは、
180度違った常識がここにある！

「優秀な営業マン」とは、何か？

～「お願い営業」と対極にある「高飛車セールス」のススメ～

かつて著書にも記され、多くの経営者、営業マンが〝感激〟した神田昌典の言葉……。それは「嫌な客に頭を下げるな」。けっして精神論ではなく、あくまでもビジネススキルとして提唱されたものである。この記事でも、〝高飛車〟であることの有効性が解説されている。

●お客の言いなりになると、信頼されない？

今回は、セールスのことについて深く考えることにしよう。

売る側にとっては、お客に買ってもらうために重要なことは、商品・サービスの品質であったり、価格であるだろう。

ところが買う側にとっては、購買の基準の最優先事項は、商品品質でも、価格の安さでもない。

「いったい、お客は、どんな基準で、購買を決定するのか？」

この問題に関するアメリカでの調査がされたのだが、その結果は次の通りだ。

1. 信頼できる営業マン

2. 商品品質

3. 価格

調査結果によると、お客にとって重要なのは、営業マンが信頼できるかどうかである。

購入するときには、信頼できる人から買う。つまり1対1の、人同士の関わりの中で、購買が決まっていく。

すると問題は、「どうやってお客の信頼を獲得するか？」ということである。

多くの営業マンは、「お客に気に入られること=信頼されること」だと思い込んでいる。

そこで、お客に気に入られるために、営業マンが何をしているかといえば……。

お客の要求に、すべてを合わせようとするわけだ。

お客に少しでも好印象を与えるために、椅子の端に座って、身を乗り出して話す。そして、

「見積もりだけでも出させてください」「提案だけでもさせてください」とお願いしている。

これが典型的な「お願い営業」である。

お願い営業は、成約率が低い。成約できたとしても、成約に時間がかかる。利益が出ない。さらに奴隷のように顎（あご）で使われる。そのうえ、理不尽な要求をされる。要求を満たすことができなければ罵倒（ばとう）される。

お客の言いなりになると、信頼を獲得するどころか、逆に軽蔑される。

「お客に合わせると、信頼されないって？　そんなはずはないだろう？」

まぁ、そう疑問に感じる方も多いだろう。そこで次の話を聞いてほしい。

実は、ある実践会会員さんから、私が紹介したＰＲ会社の対応が悪いとのお叱りを受けた。

その際、面白い会話があった。

私　「今回の件は、すみませんでした。ＰＲ会社でまともなところは確かに少ないんですが、あの会社は、私も以前、代理店経由で使ったことがあるし、また大手広告代理店も下請けとして使うところだから、大丈夫だと思ったんですがねぇ」

VIP会員「でも、そんなに流行（はや）っているようには見えなかったですよ」
私「どうして、そう思ったんですか？」
VIP会員「こちらの都合に全部合わせるし、ちょっとしたことでも、すぐに訪問してきますからねぇ」

つまり、すべてお客の都合に合わせて頻繁に訪問すると、流行っているようには思われないのである。

このPR会社の社長は、「お客に一生懸命つくせば、仕事がもらえる」と、お客の都合に合わせて、わざわざ出向いているわけである。

しかし、この会社の社長の思いとは逆に、滅私奉公は〝下請け業者としての位置付け〟をバッチリ強化しているだけ。

たしかに、「お客に合わせるな」なんて言うと、「お客様のためにつくしてこそ……」という世間の常識に反する。

しかし、周りを見回してみてほしいが、**お願い営業で稼いでいる人がいるだろうか？**

トップセールスマンに、こめつきバッタはいるだろうか？

お願い営業をしているのは、給与をそこそこもらって、現状に満足している営業マンばかりなのである。

●信頼される真実の瞬間とは？

世間の常識と異なり、お願い営業をしているかぎり、お客からの信頼は得られない。

それではお客が、「この営業マンは信頼できる」と思うときはどんなときだろうか？（パラドックスのように聞こえるが……）

お客が（営業マンを）信頼できると思うのは、十中八九、断られたときなのである。

自分の損になるにもかかわらず、「お客さんのためにならないですよ」と誠実に応える営業マン……。

買う側のメリットにならない場合、売ることを断る営業マン……。

「断ることによって信用される」というケースが、実に多い。

断るといっても、闇雲に断ることではない。

『売り込まなくても売れる！』（ジャック・ワース*著）では、営業マンの仕事は、次の3

ジャック・ワース：アメリカのセールスコンサルタント。『売り込まなくても売れる！』（ニコラス・E・リーベンとの共著。坂本希久子訳、神田昌典監修　フォレスト出版刊）著者。

点を見きわめることである。

①お客が自分の商品を必要であり、買いたいと思っているかどうか。
②お客に、この商品を買う予算があるかどうか。
③この取引をすることで、売り手および買い手の双方にメリットが生じるかどうか。

この3点について見きわめて、取引する価値がないと判断した場合には、丁寧にお断りする。

なぜなら、自分の商品を必要としない、欲しくないというお客に対して営業するのは、双方にとって単なる時間のムダだから。そういうお客は、切り捨てる。

さらに、お客に買う予算がなければ、話をしても双方の時間のムダ。だから、そういうお客は切り捨てる。

双方にメリットが生じない取引は、絶対に長続きしない。だから、そういうお客は切り捨てる。

切り捨てないで話をしていることは、お客と一緒にダンスを踊っているのと同じ。つまりグルグル回るばかりで、前に進まない。

この3点を見きわめて、そして「時間を使う必要なし」と判断した場合、即座に商談を終わらせる。

商談途中で、ノートを閉じる。そして、かばんにノートを入れて、席を立つ。

これはハッタリではない。

成約する可能性の低いお客に関わっているのは、相手の時間をムダにすることだから、相手のためにも、即刻商談を終わりにしなければならない。

つまりお客が、「この商品が欲しい」と表明し、そして欲しい理由が明確でないかぎり、商談を続けてはならない。

実に、高飛車な営業スタイルだが、逆に、それが信用につながる。やってみると分かるがノートを閉じて帰ろうとすると、「ちょっと待ってください」とお声がかかるケースが続出する（警告：この快感を一度でも味わうと、元の営業法には戻れない）。

●見込客が少ないから、できない？

今まで「お客様は神様です」と教えられ、信じてきた人にとっては、「なんとまぁ」という話。

だが、これがトップセールスマンの真実である。トップセールスマンは、以上の条件を満たさないお客と商談を続け、ムダな時間を使うぐらいなら、ほかの見込客を当たったほうがいいと考えるのだ。

……と言うと、こんな答えが返ってくる場合がある。

「いゃ〜、見込客が大勢いる会社はいいけど、うちは1人のお客さんだって惜しいから、断るのはできないなぁ」

こういう考え方をしていると、いつまで経っても成約できない。「1人のお客も逃さないように、説得しよう」と思うから、その焦りがお客に伝わってしまう。

説得してはいけない。説得しようとすれば、お客は必ず不買心理を高める。その結果、お客は逃げる。

だから……、

「たった1人しか見込客がいない、このお客を逃せば明日の飯が食えない」なんて状況であっても、**歯を食いしばって、お客を断る。**

こうでないと成約率は上がらない。

見込客が成約しないという会社は、お願い営業だからである。

売れない営業マンは頭を下げる。

トップセールスマンは、お客を切り捨てる。

トップセールスマンは、ズバリ見きわめがうまいのである。見きわめができない営業マンは、いつになっても成績が上がらない。頭を下げ続けることに、ビジネス人生を費やす。

それでは、どうすればお客を見きわめることができるのか？

そのために必要なのが、見きわめのためのセールストークだ。

次の項で、私が先ほどご紹介した『売り込まなくても売れる！』から実践したトークの内容を説明することにしよう。

実践！ 殿様バッタの営業
～「買うお客」を見きわめる技術とは？～

引き続き「高飛車セールス」＝「殿様バッタの営業」についてのお話。ここでは具体的なセールストーク術について言及している。「どんなビジネス人生を送るか」は「どんな営業スタイルを実践するか」によって決まる。これは「一生を左右するトーク術」だ。

●「いい人」と思われるセールスマンは、失格！

「トップセールスマンには、こめつきバッタはいない」と前項でお話しした。繰り返しになるが、世の中の常識は、逆。

お客様に言われたことを、何でもへぇへぇとやるのがいいと信じている。そうすれば、お客に気に入られて、お仕事がもらえる。

こういう凡庸（ぼんよう）な営業マンがほとんどだから、売り方に対する考え方をちょっと変えるだけでトップセールスマンになれる。

なぜ私がこんなことを言えるのか？

それは私自身が、以前は「役人」（外務省勤務）だったからだ。

「セールス」ということについては、ド素人だった。


サラリーマンになって、営業をやらなければならなくなったとき、取引先からは、「神田さんは、本当にいい人ですね」と言われていた。

女性にいい人と言われる男と同様、**取引先から「いい人」と言われる営業マンは失格**である。


つまり、私自身が、失格営業マン、〝こめつきバッタ〟だったのである。

しかし、勇気を出して、歯を食いしばって、こめつきバッタとしての人生をやめた。

やめたとたん、面白いぐらい大口のお客を開拓できた。

「こんな素晴らしい人生があったのか！」と思えるぐらい、営業に自信がついた。


こめつきバッタは楽な生き方である。お客に合いの手を入れていればいいのだ。頭を使う必要がない。買う可能性が低いお客と、ムダ話をしているだけでいい。

そして、「これを調べてくれないか」とお客から言われると、奴隷のように下働きをする。

それが仕事だと思って、忙しく立ち振る舞う。

この活動に何も疑問を感じないと、**一生、さえない営業マン**で終わる。

前項でも話したが、重要なことなので何度も繰り返そう。

営業マンの仕事は、お客を説得することではない。

なぜなら、説得したり、お願いしたりしたその瞬間から、お客には「説得されまい」という自衛本能が働くからだ。

だから、トークとして「ぜひ、ご検討をお願いしておりまして……」「ご案内をご覧いただいておりますでしょうか？」「見積もりだけでも……」等の**お願い言葉は、口が裂けても言ってはいけない。**

営業マンの仕事は「お客を見きわめること」である。

①お客が自分の商品を必要であり、買いたいと思っているかどうか。
②お客に、この商品を買う予算があるかどうか。
③この取引をすることで、売り手および買い手の双方にメリットが生じるかどうか。

ここで条件に当てはまらないお客は、成約する可能性の低いお客。見込みの低いお客を、時間をかけて説得することほどバカなことはない。

なぜなら、買う気のないお客を説得するぐらいなら、説得しなくても買うお客を相手にしたほうが何倍も効率的だからだ。

●買う可能性の高いお客は、何人いるか？

問題は、「説得しなくても買うお客がいるか？」ということだが……。

確実にいるのだ。

資料請求をしてきたお客が１００人いたとすれば、少なくても2、３人は、迷いなしに買うお客である。通常は、そんなお客が５人ぐらいいる。

営業マンが失敗するのは、その５人を見分けることができず、残りの95人と無意味なダンスを踊り続けるからである。

つまり、１００匹の魚を全部釣ろうとするから、１匹も釣れない。

やるべき仕事は、すでに腹を上にして浮かんでいる5匹の魚を、網ですくうだけである。

それじゃ、残りの95人は買わないのか、ということだが……。

もちろん買うのだ。

きちんとニュースレター等でフォローしていけば、最低15〜20人は最終的に成約できるだろう。

しかし、〝今〟買うのではない。〝将来〟買うのである。

将来買う客を、今、説得したらどうなるか……。

逃げてしまうのである。

だから説得はご法度なのだ。

本屋さんでよく見る営業本で書かれているスキルの多くは、「説得の技法」。お客がああ言えばこう切り返す、という心理操作の手法である。

これは「ＤＭ」という事前に準備ができるツールならば、可能。しかし、お客を目の前にして、営業本が勧めるようなケース別（お客のタイプ別）のトークをするのは、まず不可能だ。

繰り返すが、営業マンの仕事は説得ではない。見きわめることである。より直接的な言い方をすれば、営業マンの仕事は**可能性の低いお客には時間を使ってはならない**。可能性の低いお客の見きわめ方を知らない営業マンは、１００匹の魚を追い続けて１匹も釣り上げられないままなのだ。

●買うお客を見きわめるセールストーク

それでは、お客の見きわめをするためには、どのようなトークをすればいいのか？

具体例で考えてみよう。

私の実践会の会員で、自己啓発のプログラムを販売している会員さんがいる。ひと言で表現すれば、「社員をやる気にさせ、設定した目標を最短距離で実現していく自己啓発プログラム」だ。

価格が150万円程度するので、販売はきわめて困難である。

この会員さんは、現在で、週に1本、プログラムを販売している。広告からの反響営業ではなくて、まっさらリストによるテレアポ営業だから、数多いセールスマンの中でも、すでにトップ10％には入っている（本人は謙遜するだろうが……）。

トークの内容は、次の通りだ（まず前提として、声のトーンを落とす。売り込み口調には絶対しない）。

営業マン　「私、○○社の○○と申します。社員をやる気にさせ、設定した目標を最短距離で実現していく自己啓発プログラムを販売しておりますが、このような自己啓発プログラムを購入されたいですか？」

見込客　「えっ、何ですか？」

営業マン　「社員をやる気にさせ、設定した目標を最短距離で実現する自己啓発プログラムなんですけど、このような自己啓発プログラムを購入されたいですか？　それとも、必要ないでしょうか？」

見込客　「それだけじゃ、分からないなぁ」

営業マン　「詳しい内容はのちほど説明いたしますが、今おうかがいしたいのが、社員をやる気にさせ、設定した目標を最短距離で実現する自己啓発プログラムを購入されたいか、それとも必要ないか、なんですけれども……必要ないのであれば、そうおっしゃっていただくとありがたいのですが……」

見込客　「それは、そういうことができるプログラムだったら購入したいよ」

営業マン　「どうしてですか？」

見込客　「う～ん、社員が多くなってきて、やる気をアップしたいからだなぁ」

営業マン　「それでは、おうかがいして直接ご説明いたしますが、いかがですか？」

見込客　「それじゃ、会いましょう」
営業マン「ご都合、いつがよろしいですか？」
見込客　「来週の火曜日の午前中かな」
営業マン「来週の火曜の午前中は、ほかの約束が入っていますので、水曜の10時ではどうでしょうか？」
見込客　「いいですよ」
営業マン「それでは水曜の午前10時におうかがいします」

このようにアポを取るわけである。このトークのことを聞いたとき、**たいていの営業マンは、ビビる。**こんな直接的な言い方をしたら、お客はみんな逃げるだろうと。

しかしやってみるといい。真剣なお客ほど、営業マンから切られることがリスクと感じるから、必ず「購入したい」と言ってくる。

「購入されたいですか？」と聞いたとき、当然、多くのお客は「いいえ」と言う。しかし、「いいえ」という答えをもらうことは、それだけ早く5人の、今すぐ客にたどり着けることになるわけだ。

つまり、**「いいえ」の返事には、大変な価値がある**ということ。だから、「いいえ」という答えをもらったときには、「分かりました。それでは失礼します」と、**喜んで即座に電話を切る。**次のお客に電話をすればいいだけのことだ。

お客を説得しようとして断られたときには、営業マンの自尊心が傷つく。だからストレスになる。

しかし、この殿様セールス法では、お客から「いいえ」の返事をもらうように努力すると、このお客は自分の商品を買うのにふさわしいお客かどうかを判断する。**ふさわしくない場合には、ばっさりと切る。**すると何のストレスもない。

●見込み度の精度をさらに高める３つの質問

次に、アポを取ったあとのトークをご紹介しよう。

営業マン　「おうかがいする前に、３点ほどご確認させていただきたいのですが、よろしいでしょうか？」

見込客　「いいですよ」

営業マン「おうかがいする目的は、営業することではありません。お互い取引するメリットが生じるかどうか判断するためですが、よろしいでしょうか？」
見込客「それはいいですよ」
営業マン「お互い取引するメリットが生じるかどうか判断するために、邪魔の入らない1時間ほどの時間が必要ですが、ご用意いただけますか？」
見込客「う～ん、まぁ、いいでしょう」
営業マン「お話の結果、私どもで、御社がご満足される条件をすべて満たしたご提案をした場合、どうされますか？」
見込客「それは、取引しましょう」

このような展開になった場合にかぎり、実際に訪問する。この条件を飲めない会社を訪問するのは成約する可能性が低いので、単なる時間のムダである。

3つの質問に望ましい回答が得られなかった場合は、**即座に終了。電話を切る。**

まぁ、信じられない高飛車なトークである。やり始める前は、私も信じられなかったので無理はない。

しかし、このトークをやり始めた会員さんは、ほぼ例外なく、営業効率がアップする。いったい、このような営業マンから電話を受け取ったお客は、どう感じるのだろうか……。

実は、偶然なのだが、この自己啓発プログラムを販売する会員さんから、ある社長（実践会会員）が電話を受け取った。この社長は、あまりにもこのセールストークが印象的だったので覚えていた。後日、私のセミナーでこのトークの話を聞いて、「あぁ、このことだったんだな」と気づいたとのこと。

その会員さんの営業マンと社長との会話は、次のように進んだ。

営業マン　「おうかがいするのは、営業するのが目的ではありません。お互いがメリットのある取引をすることができるか、判断が目的ですが、よろしいでしょうか？」

社長　「それはいいですよ」

営業マン　「お互いがメリットある取引ができるかどうか判断するために、邪魔の入らない1時間ほどの時間が必要ですが、ご用意いただけますか？」

社長　「う～ん、1時間は取れないなぁ」

営業マン　「お互い取引するメリットが生じるかどうか判断するためには、どうしても1

時間は必要となりますが、どうされますか?」
社長　「それじゃ、無理だよ」
営業マン　「分かりました。それでは失礼いたします」(ガチャ)
社長　「…………」

●相手は「自信がある」と感じていた

このトークについて、私は社長に尋ねてみた。

私　「この電話、どう思いました?」
社長　「途中で電話を切られたけど、どうしてここまで自信があるんだろうかと思いましたね」
私　「仮に、条件を緩めて『とにかく会いましょう』と、アポを取ってお会いしていたとすれば、契約しましたか?」
社長　「いやあ、私もどんな営業をしてくるのかということだけの興味本位でしたから、契約はしなかったでしょう」

私 「そう。だから、この段階で無理矢理アポを取って訪問しても、双方にとって時間のムダなわけです。でももう一度、同じ電話が翌月かかってきたら、どうします？」
社長 「う〜ん、かなり興味は持つ。でも、契約するとは言わないな」
私 「すると、また電話を切られる。そして翌月、３回目の電話がかかってきたら？」
社長 「ああ、つまり、こっちが『契約します』と言わないと、先に進まないんですね」
私 「そうです」
社長 「本当に必要だと思ったら、電話の最後でちゃんとそう言うだろうね」

つまり、本当に必要とするお客、今すぐ客以外には、「1対1で会う」という時間をいっさい使わないことを徹底するのだ。

この社長が言うように、訪問したとしても、商談が進む可能性は低いのである。だから、訪問しない。その分だけ時間のムダが省けるのだ。

訪問には、最低でも3時間はかかるだろう。３時間あれば、１５０本の電話ができる。その中から3つの条件をクリアできる会社を見つけたほうが、よほどいいのである。

では、次の会話があったときはどうだろう。

営業マン　「御社が満足する条件をすべて満たした提案を、私どもが差し上げた場合、どうされますか？」

社長　「検討します」

考えてみてほしいのだが、「満足する条件をすべて満たしても、検討する」ということの理由は……。

①その人が購買決定者ではない。

②合見積もりのための当て馬として使われている。

この2つだ。

だから、時間を使うだけ、ムダ。

そこで次のように対応する。

営業マン　「満足する条件をすべて満たした提案をしても検討されるということは、契約される可能性が低いように感じますが、それで間違いないですか？」

社長　「多分、そうでしょう」

営業マン　「それでは、お会いしてもお互い時間のムダになると思いますが、どうされますか？」
社長　「ああ、会ってもしょうがないですね」
営業マン　「分かりました。それでは失礼いたします」（ガチャ）

以上のトークの典型的な感想は「日本のような人間関係が重視されるような風土では、うまくいかないのではないか？」ということである。

私もやってみるまでは、そう思っていた。しかし歯を食いしばって、勇気を出してやってみたら、人生が変わったのだ。

●トップセールスマンの極意、「集めて、切る」

「営業マンは、頭を下げなければならない」と思い込んでいるのは、マーケティングとセールスをごっちゃごっちゃにしているからである。

実は、マーケティングとセールスというのは、まったく異なる概念。

マーケティングとセールスというのは、ほぼ正反対の動きをする。

マーケティングは**見込客を集める。**
セールスは、**「今すぐ客」を見きわめる。**

マーケティングは**お客を育てる。**
セールスは**お客を刈り取る。**

マーケティングは**会社全体でやるべきこと。**
セールスは**営業マン個人がやるべきこと。**

マーケティングは**買う気にさせる。**
セールスは**買って後悔しないか確認する。**

これらが分かっていない会社は、営業効率がきわめて悪くなるのだ。

短時間で、顧客との信頼関係を築く
～セールストークはここまでできるのだ！～

ここでは、ライバルと差がつく「高等テクニック」ともいえるセールストークを紹介している。顧客から信頼を得る……言い換えれば自分が〝信頼できる営業マン〟＝〝結果を出す営業マン〟に変われるテクニックだ。

●10分で築く信頼関係

今回は、成約のための「驚愕(きょうがく)の秘密」をお教えしましょう。

私は、お客は次の順番で購買決定をすると述べた。①信頼できる営業マン、②商品品質、そして、③価格である。

世間の常識とは逆に、実はお客は、価格がすべてとは思っていない。

そこで問題になるのが、どうしたらお客と信頼関係を築けるかという点である。

「お客と信頼関係を築きなさい」というのは簡単。長い時間を使って付き合っていれば、信頼関係は築ける。

しかし、それじゃ、営業にならない。

短時間で、信頼関係を築く必要があるのだ。

それでは、短時間で信頼関係を築くには、いったい何をすればいいのか？

一般的によく言われるのは、お客とお酒を飲むことである。いわゆる〝飲みニケーション〟を行う。

一緒にお酒を飲めば、たしかにお客との距離は急速に縮まる。しかし、既存客にはこうした手法を取れるだろうが、初対面の見込客を片っ端から飲みに誘うわけにはいかない。

以前、このニュースレターでも紹介した矢部廣重先生の、お客の名前を使った感動セールスを行い、見込客を「まいった」と言わせて、信頼関係を築くこともできる。

この方法は、効果があるので、矢部先生の本、『狙ったお客の80％は落とせる』（マネジメント社刊）はぜひ読んでほしいと思うが、私としては、どうも男芸者に徹するようなイメージがあるので、個人的には、初対面から使うことはない。

私が個人的に使っていて、抜群の効果がある方法がある。

この方法は、10～15分で、相手との信頼関係を築ける。

しかし悪用はしてはいけない。それだけは守ってほしい。

言っておくが、私が考えた方法ではない。ジャック・ワースというアメリカ人から教えてもらったんです。

ポイントは、次の通りだ。小さい声でしか言わないから、注意して聞いてほしい。本当は袋とじにしたいくらいだ。


信頼関係を短時間に築くには……。

見込客の７歳以前の話をする。


読み違えではない。

見込客の７歳以前の話をするのである。

なぜ7歳以前の話をするのかといえば、相手が取引に値するかどうかという判断をするためである。

見込客が、７歳以前に両親との葛藤があり、その葛藤が現在まで怒りという形で続いている場合は、取引をしてはいけない。なぜなら、その怒りが取引先である自分に向けられる可能性が高いからである。

「相手の生い立ちを聞くって、そんなことお客にやるのは無理だろう」
「さすがに年上の人にやるのは、問題があるんでは？」

そういう声もあるだろう。実は私も、この方法を初めて聞いたときには、びびったものである。

ところが実際にやってみると、相手はまったく気にしない。こちらの質問に答えていくだけだ。逆に、実に、いい会話が持てることがほとんどだ。

相手が怒り出すようであれば、いずれにせよ成約はできない。無理に成約したとしても、あとで無理難題を持ち込まれる。取引はけっして長続きしない。

この会話が終わったあとには、自然の感情として相手に対する敬意が湧いてくる。相手も同様に、幼馴染（おさななじみ）の友人のような感情を抱くことになる。つまり、**その他の営業マンとはまったく次元の異なる関係が作られている**ということだ。

具体的にどうやるか？

７歳以前に話を持っていくためには、現時点から、徐々に時代をさかのぼっていく。タイムマシンに乗っていることをイメージすればいい。

たとえば、次のように質問をしていく。

営業マン「いつ頃この会社を創業されたのですか？」

――「27年前だな」

営業マン「創業されたきっかけは？」

――「いやぁ、ほかに仕事がなかったんだよ。オイルショックでね。だから、しようがなく始めたんだよ」

営業マン「何を大学で勉強していたんですか？」

――「経済だな」

営業マン「経済を勉強しようと思ったのは、なぜですか？」

――「高校で野球ばっかりやっていたから、それしか受からなかったんだよ」

営業マン「野球を始めたのは、いつからですか？」

――「そうだな。６歳のときには、父親とキャッチボールしてたな……」

こうすると、比較的、短時間で子ども時代にまでさかのぼれる。
そして、調べたいのは両親との関係だ。

営業マン「ご両親との関係はどうでしたか？」

──「子どものときは、いやぁ、怖かったよな」

営業マン「それはなぜですか？」

──「うちは醤油屋だったからなぁ。小学生でも自分の工場で働かなけりゃならなかっただろう。それを手伝わないと、怒鳴られるからな」

営業マン「そのときに、どう感じました？」

──「そりゃ、寒かったよ。冬でも水で醤油瓶を洗うんだからな。こんな父親を持ったのを恨んだこともあった」

営業マン「今は、どう思われていますか？」

──「いやぁ、もう親父もお袋も亡くなっちゃったからね。感謝してるよ」

このような会話が終わったとき、急速に信頼関係が生まれる。要する時間は10分から15分だ。

●セールストーク特訓の秘密の場所

まぁ、これだけを消化するのは、きついと思う。なぜなら、セールスの常識をひっくり返す方法だからね。

正直、今すぐセールスで使うのは勇気がいると思う。

しかし、コツをつかむのにいい方法がある。

告白するが、私はキャバクラに行ったときに試してみた。

まぁ、キャバクラは、おねえさんが何人もグルグル回ってくるから都合がいい。そのたびに、この話法をやってみる。するとキャバクラ嬢がみんな名刺をくれたり、携帯電話番号を教えてくれたので、その威力にびっくりした。

これはアメリカで30年間、３００業種のトップセールスマンに共通するセールス法を、ジャック・ワース氏が調べた結果、分かった方法である。

トップセールスマンの８～９割が、意識するしないにかかわらず、この方法により信頼関係の構築を行っている。

とくに、高額商品を販売または法人営業を行う会社にとっては革命的な方法だろう。私が高飛車で突っ走れるのも、「この方法を知っていれば、どんな会社でもトップセールスになれるだろう」との自信があるからだ。

まぁ、「どう理解していいのか、口があんぐり」という状態だろうが、不思議はない。私もそうだった。しかし、頭の隅にでも入れておいて、思い出したら、やってみるだけやってみるといい。すると私が、「驚愕の秘密」といっている理由が、ご理解いただけると思う。

第5章

「神田のセールスレター」編

これからご紹介する4点のレターは、
神田昌典自らが事業を成長させていくために、過去に書いたもの。
現在は販売していなかったり、販売内容が変わっているものであるが、
読者の学びのために、当時のまま原文を変えず掲載することとした。
これらのレターは、数多くの会社によって時を超えて参考にされ、
今も売上を上げ続けている。

高額な特別イベントへの集客

「バリツアー参加者募集DM」

実践会会員に向けて送られた、神田昌典の海外セミナーの告知と募集のDM。
ここでは、対象者（顧客）にとって〝非日常〟である海外セミナーというものを、
いかに「自身に関係のあること」「メリットのあること」と想像させるか……に注目。

このDMのポイント

1. 緊急性のある見出し
2. 「臨場感のある未来」を想像させる冒頭
3. 「承認をとること」で、ハードルの高い商品への心をリセット
4. 再び「臨場感のある未来」
5. 「自己正当化」へのサポート

日本を飛び出して、儲かるビジネスを発想する！
世界の億万長者が集まるバリ島・フォーシーズンズホテルへ
神田に同行する15室30名を急募！

こんにちは。お元気ですか？　神田昌典です。

突然ですが、この６月がいまから楽しみでなりません。なぜかって？

いまから、その理由を申し上げましょう。凄い企画があるのです。

あなたの想像を超えた世界があるのです。

想像を超えた世界って。一体、何？

*これから先は、遊び心のない方は、読まないでください。あまり多くの方に教えたくない内容ですから、即刻、ゴミ箱に捨ててください。

実は、バリ島・フォーシーズンズホテルの超高級リゾートでセミナーを開催するのです。

いっときますけど、普通のセミナーと思われては、困ります。単なる海外セミナーとは違います。

ホテルに入ったとたん、唖然（あぜん）。声を失います。

＊ハードルが高い提案なので、承認を取っている。

私は、賭（か）けてもいいです。あなたは平静を保てない。子供のようにはしゃぎまわることを。

なんと全室コテージ。そして、コテージに入ると、そこには……。

そこには、プライベート・プールがあるのです。あなた自身の個人専用プールです。

プールでひと泳ぎして、そしてリラックス・チェアに腰掛けると、なっ、なんとそこには……。

澄み切ったブルーの海が広がっているのです。

もちろん部屋も、あなたの想像を超えています。まずは、その広さにびっくりしてください。

なんと200平米。間違いではありません。もう一度、目をこすってみてください。

20平米ではない。いいですか？　200平米です。

「ぎょえー、うちより広いじゃないか、億万長者はこんなバケーションを過ごしているのか！！！　＊許せん！！」

あなたがムカツク気持ちは分かります。でも、ムカツク必要はないのです。

なぜなら、そこは、あなたの場所なのですから。

「神田さん、とうとう気が狂いましたか？　一体、なんでわざわざこんな高級リゾートで、セミナーを行うんですか？」

＊否定的な「心の声」を入れることによって、協調行動へ。

よくぞ聞いてくれました。

＊そうなんです。常識はずれなんです。

でもね、アインシュタインがいっていました。

「一見ばかげた、アイデアに見えないものは、価値のないアイデアである」

さすがアインシュタインですわ。よく私の意図することを分かってくださる。

私は、このセミナーで非常識な、新規ビジネスのヒントを発想していただきたいのです。

いっときますが、ビジネスは発想がすべてです。ひとつのひらめき、気づきが何億円にも化けるのです。

「そんなこと、分かっとるわい。その発想を得るのが難しいんじゃないか！」

そうですよね。そこで、思い出してください。いままで、あなたのビジネスに富をもたらしたきっかけを。一体、どんなきっかけがありましたか？

それは、レベルの高い友人・先生との会話からではないでしょうか？

当たったでしょう？

そう。レベルの高い人と過ごすと、発想は、どんどん沸いてくるんです。

中国の諺（ことわざ）にもあります。

「1人の賢者と机を挟んで行うひとときの会話は、100冊の本を読むより価値がある」

＊〝受け入れがたい提案〟であることが「想定内」であると強調。

このような特別の機会を提供するために、特別にレベルの高い会員に限って、今回ご案内しております。

「高級リゾート・ホテルで開催するのはいいが、一体、セミナーの具体的内容は何なんだ！それが分からないことには、参加したいかどうか分からないじゃないか？」

そうですよね。そりゃ、セミナーなんだから、具体的内容が知りたいですよね。

それでは、その問いにお答え致します。

はい。具体的な内容はありません。ですから、具体的な内容を聴いてから判断するという方。残念ですが、これは、あなたのためのセミナーではありません。

正直、話す内容は決まっていません。決めるつもりもありません。

コテージに集まって、超ゴージャスな部屋で、うまいものを食べながら、レベルの高い会員同士で、新規ビジネスおよび社会貢献についてのアイデアを出し合うというのが趣旨です。内容が決まっていないからこそ、枠を超えた、自由な発想。とっぴな発想がでるようにしています。右脳が刺激され、日本ではとても考えつかないビジネスの発想をしていくのです。

このためには、今後10年の日本の動きが分からなければ仕方がありません。これから起こる激動の10年のなかで、一体、自分がどういう役目を果たすべきなのか。それを知る必要があります。

セミナーのなかでお話ししたいと思いますが、この10年は急速な富の集中が起こると、私は考えています。ビル・ゲイツを思い出してください。彼は、1980年代に、将来のデジタル社会を見通したために、巨額の富を稼ぎ出しました。このように社会のインフラが変わる瞬間というのは、少数の人間が富を集めます。私は、2010年までの世の中で、デジタル革命に匹敵する、インフラの変更があると思っているのです。ですから、私は、そのために、布石を打ち始めているのです。バリ島では、この考えに共鳴する今後のパートナーと出会えればいいなと思っています。

ですから、私としては正直、今回、変な方、レベルの低い方は、お連れしたくありません。また自分さえ儲かればいいや、という方は、固くお断りします。

求める同行者は、次のとおりです。

1. 社会を変えたい、歴史に名前を残したい、という革命家。
2. 非常識な自由と非常識な富を得て、そして、それを人のために生かそうという情熱家。
3. あまり真剣にならずに遊びながら、世の中を良くしましょう、という粋な人。

4．紳士または淑女。
5．とにかく楽しい、前向きな方。

あなたが、1〜5のうち、どれかに当てはまるのであれば、私にご同行いただいても結構です。私が、新しい世界に、あなたをご案内しましょう。

まず、このセミナーツアーに参加すると、ホテルには夜11時に着きます。暇なので、希望者は、仲間内で一杯、やることになるでしょう。

そして、朝。*波の音で目覚める。澄み切った青い空。

2人分はあるバスタブ。その風呂のなかに、バラの花びらでさえ、浮かべられる。

あぁ、こんな生活、やってみないと分からないよな。億万長者になるためには、億万長者になるイメージを明確に持つことが必要。これでビジュアリゼーションは完璧(かんぺき)。しかも、バリというのは、現在、世界のなかでもかなり発想の出やすいところ。発想を得るためだけに、バリに行って、そのときに次の10年の方向性が決まったという社長もいるぐらいだからね。

*初日の午前9時から12時は、セミナーをやります。講師は、私、神田です。内容は秘密。

＊五感に訴えたイメージ。

＊この一連のスケジュール紹介で、未来をイメージさせる。

というか、まだ決まっていない。その場の必要性に応じて、必要な人に対して必要なことを話します。まぁ、中心的なトピックは、今後数年間のビジネスチャンスがどこに出てくるか、という話でしょう。小手先の儲け方の話はしません。巨額の富をどのように得るか、そしてそれをどのように生かすかという話が中心になります。

午後は、各自の研究時間と致します。専用プールの脇で、思う存分リラックスすると同時に、素晴らしい環境のなかで、いままで溜まった読書を思う存分してください。または、連れ合いの方と、とことんビジネスプランを考えてください。

その後、また夕食に出かけて、ばかな話をしつつ、そして、今後の日本での展開について、巨頭会議を夜まで開催するわけです。これ以上の、ひらめきを得る環境はあるでしょうか？

さらに、今回は特別ゲストがいます。

ここからは本当に秘密だから、同行すると決定した人しか読まないでください。口外して欲しくないんだけど、私の友人である、占星術の來夢先生をお招きしております。

來夢先生は、日本を代表する実力派の占星術師。特に経営に星の動きを活用するという観点からは、この人の右に出る人はいないでしょう。「星からみた日本経済、そして経営者のための星の活用」というテーマでお話しいただきます。

「えっ？　神田先生、占星術なんて信じるんですか？」

びっくりしたでしょう？

いえ。私は信じるわけではありません。私は、いい情報は活用するだけです。

私がアメリカで学んだことがあります。

ミリオネアは、星を信じない。でも、ビリオネアは活用する。

私は、神秘的なものに盲信をするのはどうか、と疑問を持っておりますが、來夢先生は、当たる当たらないという下世話な話ではなく、自分の成長のためにどのような課題にチャレンジすべきか、という視点を持っています。つまり、経営者の自己成長を促進するために星を活用する方法を教えていただきます。

　このように非常識な海外セミナーですが、当然のことながら、誰でも同行できるわけではありません。今回、一緒に海外に行くというご縁の持てた特別な方15室30名に限られます。このホテルは超高級ホテルなので団体が取れるホテルではありません。ところが、なんとか交渉し、部屋を15室押さえることに成功しました。それが精一杯です。各部屋2名が定員です。是非、配偶者、もしくは重要な社員の方をお連れください。[*]奥様のためには、ご希望ならエステも料理教室もあります。残念ながらエクストラベッドを入れることもで

＊購買の障害となるものを除去。

きません。超高級リゾートにつき、ホテル側のルールのため12歳以下のお子さんは滞在できません。

それでは、「これは私のための海外セミナーだ」と直感されたあなた。迷っている時間はありません。いますぐ申込書に記入し、ファクスへ駆けつけてください。

追伸、この海外セミナーは、多分、これが最初で、最後です。

「常識の崩壊」から「現実の再構成」へのシナリオ

コピーライティングセミナー

多くのビジネスパーソンに影響を与えた「傑作セミナー」の追加講演募集のセールスレター。「PASONAの法則」を応用して作られた、商品（セミナー）メリットを打ち出したものだが、その内容の「具体性」こそが、〝読ませる〟文書の鍵だ。

このDMのポイント

1. 見出しに「〜法」
2. 物語を使って信頼性を演出する、文章のつかみ
3. 「常識の崩壊」によって「問題の焦点化」を図る
4. 緊急性↓「丁寧に煽(あお)る」方法
5. 「クリフハンガー」効果

顧客獲得実践会メンバーに緊急案内
コピーライティングセミナー追加講演決定！
～一度受講した会員企業の社員は、半額で受講できます～

80対20の法則：2割の努力で8割の結果を出す方法*

まずは私の1日をご紹介させてください。*

午前9時から午後6時まで、20分毎に電話相談を受ける。昼食時間は30分。

1日25社からの相談に対する回答を出します。

それを週3日。月に直すと、平均３００社からの相談を受けます。相談のなかには、「あと3カ月しかもちません、救ってください」という深刻なものもあります。

「どうすれば短期間で、売上が上がるのか？」という相談がほとんど。そういう差し迫った質問に対して、私は、**20分以内に具体的アウトプットを出すことができます。**

私は、天才？

正直に告白しましょう。私の頭は極めて悪いんです。学歴はあるけど、成績は全て落第スレスレ。

しかし、こんなに頭の悪い私でさえ、３００もの差し迫った相談に、ない頭を絞ってい

＊「～の方法」「～法」と呼ぶことにより、信憑性を高めている。

＊物語の始まり。書き手自身の物語は、より信頼性と共感を増す。

ると、分かってくるコツがあります。そのコツとは？

普通は、こう考えますよね。「どうすれば売れるようになるのか？」と。

ところが、この質問自体が**致命的な間違い**なのです。質問が間違っていれば、当然、答えも致命傷になります。つまり間違った質問をしているために、底なしの泥沼にはまっている会社がほとんどなのです。

考えなくてはならないのは、「どうすれば売れるのか？」ではありません。**「お客が買いたくなるためには、どうすればいいのか？」**ということなのです。

買いたくなるという、お客の感情から逆算して、商品を絞り込む。会社の優位性を明確化する。そうすれば最短距離で、買いたくなる切り口を見つけることができます。

つまり最短距離で、買いたくなる切り口を見つけるためには、小手先のテクニックに振り回されていてはダメなのです。小手先のテクニックは、無数にあります。しかし月間300社からの相談を受けて分かったことがあります。それは2割の鍵となるテクニックを使うだけで、8割の問題は見事に氷解するという事実です。

その2割の鍵とは？

この2割の鍵を、徹底的にマスターする集中セミナーを開催します。即、実践可能なように、贅肉（ぜいにく）を殺ぎ（そ）落として、本当に必要な知識だけを吸収していただきます。経営者だけ

＊常識の崩壊を宣言すると同時に、問題を焦点化。

でなく、営業活動に携わる全ての方に、是非、参加していただきたい内容です。

このセミナーで公開する最新テクニックの一部をご紹介すると……。

●買いたくなる切り口の明確化への最短アプローチ
～20分間セールスコンセプト明確化法～

３００社もの会社から相談を受けている私自身の発想法を客観的に分析して分かったことがあります。問題を解決するには、たった５つの質問をするだけでいいのです。この５つの質問をしていくことにより、相談を持ちかけている本人が自ら回答を見つけられます。

この贅肉を殺ぎ落とした、極めて簡略・実用的な問題解決モデルを公開します。マインドマップの併用により、社員より（パート社員からも！）アイデアが出され、短時間でチラシ・広告作成のキーコンセプト（切り口）を明確化できるようになります。

●買いたい気持ちが、お客自身が驚くほどに沸いてくる「PASONAの法則」とは?

売れる文章を書く秘訣とは、インパクトのあるコトバやフレーズを使うことではありません。人の感情は、個別のインパクトのあるフレーズではなく、何がどの順番によって語られるか、によって操作できます。この買いたい気持ちを起こさせる購入モデルがPASONAの法則です。

私の書くダイレクト・メールは、ほとんどこのPASONAの法則を利用しています。その結果、私と個別コンサルティング契約を結んだクライアントは、1社を除き（社内不協和のため実践できなかった）、すべて契約期間中にコンサルティング費用を大幅に上回る収益を得ています。それほど強力なモデルを公開します。

●売上アップが実証された、効果的ツールを一挙公開!

～増客ステップ別コピーライティング事例～

ビジネスは単純です。それは、①見込客を費用効果的に見つけ、②成約し、③そしてリピート購買させること。ところが多くの会社が行き詰まっているのは、①、②、③でどのようなツールを使えばいいのか、具体的に準備が進まないからです。つまり、武器を持たないで戦争しているのと同じです。本来、その武器を持っていたら、全くレベルの異なる戦いが可能になります。そこで会員が実践して効果が上がっているツール（広告・販促物）を、ビジネスの段階毎に、一挙公開します。例えば……

見込客を効果的に集めるには？　サンプルを使いたくさせるには？　初回購買の成約率をアップさせるには？　何年も眠っている休眠客を起こすには？　既存客流出をとめるためのコンティニュイティ・プログラムを起動するには？　紹介を増やすためには？　売掛金の回収率を20％アップさせるには？

……等々。

このように状況別に使うべきツール（広告・チラシ・ＤＭ）事例とそのポイントを解説します。以上のように、通常であれば、最低2日間かかる内容を、1日に凝縮したセミナーを開催します。1日に凝縮しますので、時間は極めてタイトです。昼食付きですが、昼食を食べながら質疑応答は続行いたします。

参加費用　：1名4万5０００円（昼食付き・消費税別）1社何人でも参加できます。

ご優待割引：昨年度のコピーライティングセミナー・ビデオ購入者およびコピーライテ

ィングセミナー参加者および軽井沢セミナー卒業生は、３万円（昼食付き・消費税別）となります。ＶＩＰ会員の方は、２万５０００円（昼食付き・消費税別）です。すでに、コピーライティングセミナー２０００を受講された会社の社員様は、２万２５００円で再受講できます。

開催場所および日時：
■○月×日（木）　東京　市谷アルカディア　午前９時〜午後６時
■○月△日（金）　東京　市谷アルカディア　午前９時〜午後６時

お詫び：事前にご了承願いたいのですが、会場の定員（90名）がございますので、今回も多くの会員様のご参加をお断りせざるを得ません。＊また毎回ご案内を送付後、２週間程度で満席となります。今回も早期に満席となりました際には、何卒（なにとぞ）ご了承ください。

成功者とは、２割の努力で、８割の結果を得る人です。是非、そのコツを実践できるようになってください。それでは、会場でお目にかかれることを楽しみにしております。

＊緊急であること、限定であることを丁寧に訴えることで、信頼性を高める。

追伸、この手紙でも、ＰＡＳＯＮＡの法則を使っています。どこで使ったのでしょうか？
*その秘密はセミナーで公開します。

*「続き」をセミナー自体に持ち越す＝「クリフハンガー効果」。

信頼関係をさらに深める、擬人法によるキャラクター設定

「アルマックねずみ」からの手紙

神田昌典からのお知らせ（セールス）において、さまざまな場面で登場したのが、オリジナルキャラクター「アルマックねずみ」。ビジュアルが確立されたものではなく、単に文章上のキャラクターなのだが、彼の〝働きぶり〟ときたら、なかなかのものだ。

このDMのポイント

1. 「我輩は猫である」法
2. 文章のつかみ　緊急性
3. 本文　物語→問題、そして教訓（気づき）
4. 主人公との同調（具体的行動の示唆→想像の現実化）
5. 行動→主人公からの購入の勧め

(最初の「アルマックねずみ」からの手紙)

実践会会員の人間へ。

今晩は、はじめまして、僕は、アルマックの事務所にいる**ネズミ**なんだよね。なんか、この事務所はさ、紙が多くてさ、食べるものが多いから、1年前ぐらいから、巣くっているんだよね。昼間は、忙しいからさ、見つからないようにしてるんだけど、夜になると、こうやって、パソコンをいじるわけさ。もう1年も経つから、タイプもできちゃうわけさ。凄いでしょ。

僕の好物は、ニュースレターでさ。あれって、毎月1回刷られるんだって。ちょうど、**歯が伸びたときに、研ぐ**のにいいんだよね。このニュースレターについては、ちょっと困っていたことがあってさ。それは発行日がだんだん遅くなることなんだよね。はじめは15日に発行してたみたいだよ。でもいまじゃ25日にならないと印刷されないしな。だから、歯が伸びすぎて困ってたのさ。

＊擬人キャラクター。「ジョークを共有」することで信頼性を得る。

でも、今回、大量にニュースレターが印刷されてきたんだよね。しかも1号から16号が製本されているのさ。製本されているだけだから、内容的には大したことはないと思ってたよ。だけどさ、この**合冊版ニュースレター**は、事務所においてあったら、どんどんなくなるんだよね。口コミで広がっているみたい。読んだ人は、こんなことをいってたよ。

「改めて読んでみると、忘れていたことが、山ほどあった。」

「今日、質問がいっぱいあったけど、答えはほとんどここに書いてあった。」

「このニュースレターは凄いですね。もうこれだけで、会費がペイしてますよ。」

なんか誰もが自分に関連する部分に、メモを書いたり、付箋をつけたりするんで、もの凄い刺激になるみたいなんだよ。昨日、事務所にきた人なんか電車のなかで、思わず読みこんじゃったみたいで、**ティッシュちぎって、しおり**にしてたしな。

僕は、人間じゃないから、良くわかんないよ。でも、事務所にくる人、くる人、この合冊版ニュースレターに感激してるからさ、あなたも一冊もっておいたほうがいいと思うよ。

この事務所のぬしの神田は、いままでどおりの定価1万5500円で売ろうとしてるみたいだけど、そりゃないよな。そこでさ、**さっきオイラの歯で、１万５５００円のはじめの1を、削りとったのさ。**だから、いまは、５５００円になってるはずだよ。**とりあえず1を削りとった部数は、53冊。**あともうちょっとガンバロウと思ったんだけど、もうそろそろ神田が事務所にくる時間だから、ダメだね。

だから、もしさ、あんたが、この合冊版ニュースレターが欲しかったら、いまがチャンスだよ。

ネズミの僕がいうのは、何だけど、社員を鍛えるには、最適なツールだと思うよ。

それじゃ、もう2度と、こんな手紙は出せないと思うけど、おれはウソつかないぜ。会社に一冊は、置いとくといいと思うよ。

アルマックの事務所にいる
ねずみより

1999年1月25日 AM3:57

実践会会員の人間へ。

今晩は、はじめまして、僕は、アルマックの事務所にいるネズミなんだよね。

なんか、この事務所はさ、紙が多くてさ、食べるものが多いから、1年前ぐらいから、巣くっているんだよね。昼間は、忙しいからさ、見つからないようにしてるんだけど、夜になると、こうやって、パソコンをいじるわけさ。もう1年も経つから、タイプもできちゃうわけさ。凄いでしょ。

僕の好物は、ニュースレターでさ。あれって、毎月1回刷られるんだって。ちょうど、歯が伸びたときに、研ぐのにいいんだよね。このニュースレターについては、ちょっと困っていたことがあってさ。それは発行日がだんだん遅くなることなんだよね。はじめは15日に発行してたみたいだよ。でもいまじゃ25日にならないと印刷されないしな。だから、歯が伸びすぎて困ってたのさ。

でも、今回、大量にニュースレターが印刷されてきたんだよね。しかも1号から16号が製本されているのさ。製本されているだけだから、内容的には大したことはないと思ってたよ。だけどさ、この合冊版ニュースレターは、事務所においてあったら、どんどんなくなるんだよね。口コミで広がっているみたい。読んだ人は、こんなことをいってたよ。

「改めて読んでみると、忘れていたことが、山ほどあった。」
「今日、質問がいっぱいあったけど、答えはほとんどここに書いてあった。」
「このニュースレターは凄いですね。もうこれだけで、会費がペイしてますよ。」

なんか誰もが自分に関連する部分に、メモを書いたり、付箋をつけたりするんで、もの凄い刺激になるみたいなんだよ。昨日、事務所にきた人なんか電車のなかで、思わず読みこんじゃったみたいで、ティシュちぎって、しおりにしてたしな。

僕は、人間じゃないから、良くわかんないよ。でも、事務所にくる人、くる人、この合冊

次も読んでチュー→

（原文ママ）

（2回目の「アルマックねずみ」からの手紙）

アルマックねずみより、実践会の人間へ。

覚えているかな。俺は、アルマックの事務所にいるネズミなんだ。毎年1回、実践会会員の前に出没するんだな。今回、わざわざ俺が夜中に、神田の目を盗んでタイプしているのは、重大なわけがあるんだ。

まずは、聞いて欲しい。*

実は、俺の仲間3匹がさらわれた。

さらわれたネズミの名前は、「グレー」と「スーパー」、そして「ウォッチ」。みんないい奴だったんだけど、脳神経学者の人間に、実験材料として使われちゃったんだな。

一体、どんな実験をしたかって？

そりゃ、ひどい実験だったよ。グレーは、灰色の箱に入れられた。スーパーも箱に入れられたんだけど、こっちはブランコとか車輪とか、おもちゃがあったんだな。実験の目的は、環境が脳に与える影響を調べるためだったらしい。

そしたら、どうなったと思う？　スーパーは、どんどん頭が良くなっていった。グレーは生きてるんだか、死んでるんだか分からないぐらい落ち込んでいた。実際、グレーの

＊物語の主人公による緊急性の訴え。

ほうが早く死んじゃったんだよ。スーパーは、人間だったら90歳という年齢まで長生きしたってさ。

解剖したら、スーパーは脳が随分重かったらしい。脳神経をつないでいくコネクターが、グレーと比較にならないぐらい多かったんだな。グレーはかわいそうだよ。あんなつまらない人生だったら、そりゃ、早く死にたいよな。

あっ、そうそう。ウォッチは、どうなったかって？

実は、ウォッチは透明の箱のなかに入れられたんだな。そして、スーパーが楽しそうに遊んでいるのを、ただ見ていたらしい。つまり、見ているんだけど、遊べない。そうしたら、ウォッチも早く死んじゃったんだな。そして、頭もスカスカだったってさ。


人間ってひどいことをするよな。俺は、仕返しをしてやるんだ。

どうやって？　そりゃ、遊びまくって、楽しむんだよ！

だって、この実験結果を見れば、明らかじゃないか？　楽しまないネズミは、頭が良くならない。しかも短命。遊んで、楽しむネズミは、頭が良くなる、しかも健康。＊見ているだけのネズミは、頭が良くならない。

だから、俺は誓ったんだ。俺は、スーパーのように、徹底的に遊んで、楽しんで、そし

＊物語から導き出された教訓。

て賢くなるってね。だって、賢くならなくっちゃ、人間に仕返しできないじゃないか？確か、実践会のニュースレターっていうのが、賢くなるっていっていたな。ただ問題なのは、見ているだけのウォッチは、賢くなれなかった。

これって、もしかしたら、実践しないで見ているだけの人間は、結局、何もしない人間と同じってこと？

ニュースレターのバックナンバーを読めば、儲かるヒントはいっぱいあるよな。

ネズミの俺ですら、実践しようと思うんだから、*人間のあんたも、心あらためて、実践したほうがいいよ。

それじゃ、あんたのために、ニュースレターのバックナンバーを集めた合冊版を作っておいた。今回はボリューム厚いよ。さらに、ファクスレターのバックナンバーもついている。これを自分の会社を伸ばすヒントを10見つけるという観点で読めば、必ず凄い結果が出るよな。

もう見ているだけのウォッチはやめだ。実践だ。俺は、スーパーラットになるぞ。

それじゃ、*合冊版が欲しいなら、次の用紙で、申し込みな。発送は1月中旬から。

＊主人公からのメッセージ。

＊行動（Action）への導きも物語の一部として忘れずに。

30億円以上を稼ぎ続けているDM

「フォトリーディング」教材案内

「常識を覆す、速読を超えた速読術」……多くの成功者を生み出した〝伝説の講座〟の〝伝説の案内〟が、これ。まさに常識はずれの「あり得ない現実」と「説得力のある圧倒的信憑性」のギャップを感じ取っていただきたい。

このDMのポイント

1. 「あり得ない現実」の見出し←ただし即、「圧倒的な信憑性」でバックアップ
2. メリットに期待を持たせる冒頭
3. メリット・効果を、さまざまな観点から説明。自分の体験、他人の体験、公的データ、詳細説明……
4. セイフティ・ネット→「行動への呼びかけ」

『今まで50時間かかった勉強が、たった５時間で終わらせることができた！

今までの勉強方法は何だったのか……』


資格試験受講者が絶句した。今までの速読とは違う。

全世界20万人が学んでいる、成功率96％のフォトリーディングとは？

ＡＴ＆Ｔ、ＩＢＭ、３Ｍ、アップルコンピュータ、アメリカン・エキスプレス等をはじめとした米国トップ企業社員が研修。


この手紙は重要です。

あなたには時間が十分にあって、読みたい本をすべて読めるなら、この手紙を読む必要はありません。しかし、あなたがより多くの情報を、今までの数分の１の時間で吸収したいなら……そして、*大量の文章を、次から次へと処理できるようになりたいなら……この手紙は、きわめて重要な内容をお伝えすることになります。

正直、私の人生は、フォトリーディングに出会うことによって、大きく変わりました。それほどインパクトのある方法です。これから話す内容は、常識と異なりますので、にわかには信じられないかもしれません。しかし、誇張はありません。真実であることを、私

＊ここで「効果」を宣言する。メリットを並べるのではなく、メリットを説明する前に、状況を整えることで、より効果的にメリットが伝わる。

がお約束いたします。

初めまして。私は経営コンサルタントの神田昌典と申します。

今まで4冊の本を出版しております。マーケティング関連の実用書です。おかげ様で、『あなたの会社が90日で儲かる!』『口コミ伝染病』(以上、フォレスト出版)は、累計15万部を超える売れ行きで、マーケティング書としては異例のベストセラーになっています。月刊誌『ベンチャークラブ』(東洋経済新報社)では、日本のコンサルタント101人のなかに選出されております。*

このような仕事をしておりますと、非常に勉強家・読書家に思われるようです。

正直に告白しましょう。

実は、私は、ほとんど本を読むことがなかったのです。

読みたい本はたくさんある。でも、仕事で忙しい。

布団に入って、本を開く。10分後には、寝入っています。

翌日、また10分後には、寝てしまっている。とほほ……。*

＊信頼性・信憑性。

＊このブロックで弱みを見せ共有することで、問題を焦点化。

その結果、本を買っても、一向に読み進むことがない。1週間で、1冊読めればいいぐらいでした。

ところが今は、毎日1冊、本を読んでいます。寝る前に10分。起きた後に、20〜30分の読書。それで1冊の読書が完了。しかも、理解力は、以前より良くなっているのです。

こんなに早く読書が完了できるようになったわけは、米国で開発されたフォトリーディングを学んだからです。フォトリーディングとは、ズバリ写真を撮るように、毎秒約1ページのスピードで、本を読んでいく手法です。

この能力は、誰でも、身につけることができます。実は、うちの社員も、フォトリーディングの研修を受けました。女性スタッフの２人です。その研修が終わった翌日から、１日1冊。すでに2カ月経過していますが、その間、読んだ本が60冊。

考えてみてください。

どんな大学教授でも、ある専門分野の本を、１０００冊以上、読む人はいないといいます。現実には、本を60冊読んだら、特定の分野では、トップクラスの知識を持つことができるでしょう。このように、知識を吸収するスピードを速めることができれば、たった60日で、権威になるほどの知識を持つことができるのです。*

＊メリットを臨場感をもって説明する。

実は、私たちのように、いままでの何倍ものスピードで本を読めるようになっている方が、増えているのです。たとえば、群馬県前橋市在住、園さんから左記のような喜びのメールが送られてきました。

…… Original Message ……
From: 園幸朔<[redacted]>
To: 神田先生<[redacted]>
Sent: Wednesday, July 11, 2001 8:09 PM
Subject: フォトリーディングの驚異的な効果

●資格試験での利用

私は、資格試験（中小企業診断士試験）に挑戦しています。
試験対策として、中小企業白書や中小企業施策総覧（分厚い政府刊行物）や専門書を読まなければなりません。読むだけではなく、試験で解答できるように理解しなければなりません。もちろん暗記しなければならない専門用語やキーワードもあります。その中には、これまでに見たこともない、聞いたこともない、生まれて初めて知る言葉も一つや二つではありませんでした。

政府刊行物や専門書をサブノートにまとめる。キーワードを記憶に定着させるために単語カードも作ったりしました。

この作業の連続です。辛かったです。泣きたくなるほど辛かったです。

覚えられないカードをベッドに投げつけ、「なんて私の頭は悪いんだ」と涙を流したこともあります。

フォトリーディング集中講座の受講後、一番苦手な科目をフォトリーディング・ホール・マインド・システムを利用して勉強してみました。まず、基本となる専門書をフォトリーディングします。

脳に吸収した情報を熟成させるために、一晩おきます。その後、速読します。重要なポイントはマインドマップで記録します。

このプロセスで進めると、これまで1科目を終わらせるのに50時間かかるところが、たった5時間で終わらせることができます。しかも、理解度は、これまでより深いにもかかわらずです。

園さんは、当時、資格試験に一度失敗し、精神的に大変落ち込んでいました。ちょうど、そのころ、このフォトリーディングに出会い、もう一度、試験に再挑戦する決意をしたのです。そして、上記のようにフォトリーディングを試験勉強に応用したところ、一次試験に晴れて合格することができました。現在は、二次試験に向けて楽しく勉強しているそうです。

資格試験受講者以外に、フォトリーディングを学んだ方の、ほんの一部の声をご紹介すると……。

「あの経験から今日が3日目です。すでにフォトリーディングで11冊の本を読み、10枚以上のマインドマップが手に入りました。すでにこの手に入れた知識は仕事で使っていますし、既存の仕事のメニュー向上のヒントまで得られてしまいました。これから半年で、500冊の本を読む目標を立てました。正直、フォトリーディングという技術を手にしても大変な目標だと思います。しかし、これさえも次のステップのための過程でしかないと思えるから不思議です。結局、さらに欲望は大きくなり、せっかく素晴らしいツールを手に入れても忙しさは変わらないようです。

短い人生ですが、何回か自分が昇華していくことを実感できたことがありました。そのステップアップは過去の延長ではなく今までの努力が花開き一気に飛ぶという感覚です。それが、今回は３日間のセミナーを受けるだけで起きてしまいました。このような体験は感謝しても仕切れないような貴重な体験です。本当にありがとうございました」

（株式会社あうん　代表取締役・税理士　岡本吏郎様）

「これは最強のビジネスツールだ！」

「セミナーが終わって1週間。いまだにこのフォトリーディングとめぐり合えた感動と興奮が冷めません。大量の書類やメール、山積みの新聞、雑誌、書籍があれよ、あれよと片付いていきます。ストレスからも解放されました。どんな自己啓発手法やリラクゼーション手法よりも強力です。３年後、５年後の自分自身の能力を創造すると恐ろしくさえ、あります」

（アシスト経営・代表　澤田多津也様）

・今まで最大の難関であった大量の書類や定期購読紙、書物の読解が驚くほどに簡単になった。

・短時間であっても、いったんフォトリーディングをした書物については自信を持って
その内容を話せるようになった。
・英語の辞書のフォトリーディングをはじめたところ、英語が非常に身近に感じられる
ようになった。
・これから大量な情報を吟味していかなくてはいけない時代において、不可欠な技術だ
と改めて認識した。

(株式会社パスメディア　代表取締役　主藤孝司様)


一体、なぜ読書スピードが格段にアップするのか？

繰り返しますが、速読とは違います。フォトリーディングは、大脳生理学、認知心理学、神経言語プログラミング、そして加速学習(アクセレラティブ・ラーニング)の最先端の知識をベースに開発された、情報処理のスピードを高める技術です。

人間の脳が4％しか使われていないことは、ご存じだと思います。しかし、残り96％をどのように使えばいいのかについては、誰も教えてくれませんでした。

左脳は言語を、右脳は図や絵を処理します。このように役割分担があります。左脳は、7±2バイトの情報しか処理できません。これは電話番号が8桁以上になると覚えにく

くなることからも分かります。しかし、右脳は、イメージを処理する脳ですから、写真のように（注・脳の機能のモデルの写真が掲載されている）何百万バイトもの情報を撮り込むことができます。フォトリーディングは、左脳と右脳の役割の違いを踏まえ、全脳をバランスよく活用します。その結果、大変なスピードで、文章が処理できるようになるのです。*

次のグラフ（注・グラフが掲載されている）は、「天才（Genius）」と題された米国のテレビ番組（United and Documentary Television制作）で放映した際に使われたデータです。フォトリーディングを行う学生の脳波を記録したものです。背の高い波がある部分は、通常の読書の状態です。その波のパターンが、フォトリーディングを始めたとたんに、背の低い波になります。「心のなかでのムダ話」が中断され、集中力が高まったことが分かります。

フォトリーディングを開始したとたん、脳波が、瞬時に変わります（注・IBVA技術による脳波記録図が掲載されている）。

●どうすればフォトリーディングできるのか？

*
実は、フォトリーディングという作業は、全脳を使って読書を行うフォトリーディング・ホール・マインド・システムの1ステップなのです。この読書システムは、「確かにいいけど、

＊合理的な判断への橋わたし。

＊ノウハウを隠すのではなく、逆に出してしまうことで、講座品質を印象づける。

日常では使えない」という通常の速読法と異なり、日常でも無理なく使い続けられるように設計されたシステムで、次の5つのステップを踏みます。

はじめのステップは、読書に対する明確な目的を持ち、読書に最適な状態に入る「準備」をします。学校では、とにかく目の前にある文字を読みはじめることを教えられました。しかし、読書を効率的に行うには、読みはじめる前に、読書の目的を明確にする必要があります。そして画期的なミカン集中法を使うことにより、読書に集中できる状態に入ることができるようになります。

第2のステップは、「プレビュー」です。この作業により、これから吸収していく情報を、整理し、分かりやすく格納していくことができるようになります。

第3のステップは、「フォトリーディング」です。1ページ1秒の速度で、ページをめくっていきます。左脳を使わないようにして、情報処理スピードの速い右脳で、情報を吸収していきます。フォトリーディングは、スピード学習モード（Accelerative Learning State）に入ることで可能になります。

第4のステップは、右脳に蓄積された情報を、日常で使えるようにする作業です。「アクティベーション」というテクニックを使って、顕在意識上に、フォトリーディングで吸収した情報を引き出していきます。

最後のステップは、高速リーディングです。これは通常の読書に近い読書法です。しかし、今までの4つのステップと組み合わせることにより、読書に対する柔軟性が生まれ、理解力も確かなものになっていきます。

あなたが、このフォトリーディング・ホール・マインド・システムを学んだ瞬間から、期待できる成果は、次のとおりです。*

・どんな本でも、3～5分で、その要約を把握することができる。
・多くの本から、10～15分以内に、その中心的なアイディアを抽出することができる。
・通常の読書に比較して、3分の1から10分の1の時間で、読書を完了することができる。
・新聞・雑誌等の記事でも30～60秒で、内容を把握することができる。
・電子メールを早く処理できるようになる。
・短時間で読んだ本でも、自信をもって、その内容について語れるようになれる。

*「胡散くさいなぁ。本当に、こんなことができるのか？」と、あなたもお感じになると思います。私自身、胡散くさいなぁ、と思っていました。ですから、フォトリーディングについても、存在は知っていたのですが、何年もの間、受講しなかったわけです。しかし、

＊具体的なメリットを提示。

＊反論に対する対応。

それは大きな間違いでした。

実際、調べてみると、フォトリーディングは、大変、信憑性の高い教育法であることが分かりました。アメリカにおいては、学校として認定されるのは、並大抵のことではありませんが、フォトリーディング研修をする米国ラーニングストラテジーズ社は、ミネソタ州の正式な教育機関として州政府より認定されています。

さらにフォトリーディングは、歴史と実績でも群を抜いています。すでに20年間、実践され、その受講生は、全世界で20万人を超えています。現在、アメリカでは、月に7000人以上の新受講生が生まれているのです。

さらに、日本でもベストセラーになった、『1分間マネジャー』(ダイヤモンド社)の共著者、ケン・ブランチャード博士、そして、『頭脳の果て〜アインシュタイン・ファクター』(きこ書房)のウィン・ウェンガー博士も、次のようにコメントしています。

「現在、各界のリーダーは、新しいアイディアをすばやく吸収し、幅広い分野における重要なトピックについて把握し、専門分野については常に動向をフォローしていなければならない。以上をすべて可能にするのが、フォトリーディング・ホール・マインド・システ

ムだ」（ケン・ブランチャード博士）

「人間の読書スキルの開発という観点から見ると、フォトリーディングは、極めて自然な進化プロセスであるだろう」（ウィン・ウェンガー博士）

●なぜフォトリーディングは、不可欠なスキルなのか？

フォトリーディングは、年齢にかかわらず、誰でも学べる方法です。繰り返しますが、すでに開発されて20年、全世界で20万人以上が学んでいます。ところが、日本においては、今まで誰もこの方法を教える人がいませんでした。この情報処理テクニックを知らず、いつまでも情報鎖国でいることは、アメリカをはじめ世界各国から、日本がますます引き離されるということを意味します。これは致命的です。そこで、「日本でもフォトリーディングを普及していかなくては」という義務感が起こったのです。私は、フォトリーディングの認定講師となるために、厳しいトレーニングを受け、日本人初のインストラクターとして認定されました。

私が使命感を持って取り組んでいるのは、トップを目指す、前向きな方（経営者、管理職クラス、起業家等、社会の変革を担いリーダーとなって活躍する人、およびその候補者）の情報処理スピードの加速化です。そこで、トップ1％のための、フォトリーディング研修を本格的に展開することに致しました。

通常は、3日間の集中講座をご案内しておりますが、お忙しいあなた様のことですから、3日間も時間が取れないことと思います。また、東京まで来ることが難しいということもあるでしょう。そこで、あなた様に最適の教材をご用意しました。ズバリ、フォトリーディング・ホームスタディ講座です。これは単なる通信教育ではありません。まずこの教材は、開発者ポール・シーリィ自身が制作指揮をとっています。そして、アメリカでは月に7000人もの、新しい生徒が、この教材で学んでいる大変信頼性の高いプログラムです。

この教材は、テープごとに最適な演習を用意しています。ですから、1本1本テープを聞くごとに、自分の読むスピードが変わってくることが実感できるようになっています。


教材の内容は次のとおりです。

①スターターガイド
神田昌典の執筆による、日本語のフォトリーディングのためのガイダンスレポート。

自らの経験を踏まえ、フォトリーディングのシステムを、短期間で習熟できるようにガイダンス致します。

②ホームスタディ・カセットテープ　８本

このテープは、フォトリーディング集中講座の内容を、余すところなく伝えることを目的としております。このテープで学習すれば、一日数十分、楽しい演習をやりながら、無理なくフォトリーディング・ホール・マインド・システムを理解し、使えるようになります。学ぶ時間は自由自在。一対一の個人レッスンを受けるようなものです。

③コース・マニュアル

演習を豊富に含んだ、実践型のマニュアルです。

④『あなたもいままでの10倍速く本が読める』（ポール・シーリィ著）

上記の本を監訳した神田昌典のベストセラー著作をフォトリーディングします。

⑤『口コミ伝染病～お客がお客を連れてくる実践プログラム』（神田昌典著）

この２６０ページの本も、一気にフォトリーディングで、学習します。

⑥先輩フォトリーダーたちからのアドバイス収録テープ

フォトリーディングを習慣にするためのヒントが満載です。

単にテープを聞いて自習するだけではありません。個人でやるだけではなく、公認インストラクターが、あなたに成果を確実に得ていただくようサポートしています。

⑦インストラクターによる電話相談（３回まで無料で相談できます）

インストラクターに電話で質問できる、無料カウンセリングの時間があります。講座内容にご不明な点・ご質問がある場合には、カウンセリング時間内（毎週2回）にお電話ください。なお相談は無料ですが、弊社までの通話料はご負担くださいね。

ホームスタディ・プログラムの内容は、これだけではありません。

定期的に、フォトリーダーの研修を受けた方同士の親睦会（毎年2回・東京にて開催）を行っております。この親睦会を通して一歩上を目指す、前向きな友人・知人の貴重なネットワークにご参加いただけるのです。

さて、気になる価格ですが、このホームスタディ講座の費用はいくらなのでしょうか？まず投資対費用効果を考えてみてください。読書が大幅にスピードアップする。今まで諦めていた資格が身近になる。特定分野での権威になれる。このような可能性を切り開くために、通常だったら、いくら自分に投資されるでしょう？*　30万円？　学校に通うために60万円？　資格をとるために100万円？

もうそんな多額な費用を出す必要ないのです。フォトリーディング・ホームスタディ講

*価格に対する妥当性……悪い選択肢を与えることで、価格を正当に判断させる。

座は、以上の7つの内容をすべて含み、5万円（消費税別、送料無料）となります。しかも、その効果は短期間で終わるものでありません。親睦会を通して、前向きで情熱的な仲間との、一生のつながりができるのです。

●あなたが満足できなければ、費用はいただきたくありません

ホームスタディ講座に関しては、内容の充実度からすれば本当はすべきではないのですが、100％満足度、完全保証をつけております。ホームスタディコースを試していただき、ご満足いただけない場合には、購入後60日以内にご連絡ください。弊社にお支払いいただいた費用全額を、喜んで返金致します。さらに事前にご連絡いただければ、ホームスタディ講座の満足度保証期間をさらに30日間延長致します。つまり、あなたにとっては、全く＊リスクがないのです。

私が精魂込めて指導する講座です。多大なエネルギーを投入します。その挙句に、返金されたのでは、正直、たまったものではありません。にもかかわらず、返金保証をつけるのは、それだけあなたにとって重要な内容だからです。あなたの考え方自体を大きく進化させるほどの、インパクトのある講座だからです。

私は、この講座を受けることに4年間も躊躇していました。躊躇していたのは、「確か

＊変化へのセイフティ・ネット。

に必要だが、今は忙しいから……」という言い訳です。しかし、受講してみて思いました。あぁ、私は、なんて時間を無駄にしてきたんだろうと。

先日、本を買った後、電車に乗りました。車内を見回すと、読書をしている人が数人いました。しかし、皆さん、1ページを1分間もじっと見つめているんです。正直、可哀想に思ってしまいました。フォトリーディングを受講すれば、電車のなかで、ほんの3駅程度の間に、本が1冊読めてしまうのです。フォトリーディングを知っていれば、生きるスピードが違ってくるのです。

正直なところ、フォトリーディングは、今までとは全く異なる方法ですから、自分の常識を捨てて、変わる気のない方にはお薦めできません。パラダイム・シフトを起こしていく必要があるからです。逆に、*変化を先取りして、自分の人生を10倍にも、20倍にも謳歌していきたい方には、是非、お薦めしたい内容です。

私は、この素晴らしい講座を日本で提供できることに、興奮しています。あなたも、是非、この興奮を体験してください。あなたに今までとは全く違った素晴らしい世界が開けることを楽しみにしています。

*「どんな人に買ってもらいたいか」を絞り込み。

フォトリーディング・公認インストラクター
株式会社ラーニング・ソリューションズ　代表取締役　神田昌典

追伸、この講座は即効性がありますから、受講が遅れれば遅れるほど、チャンスを逃してしまうことになります。ですから、少しでも興味があった場合には、是非、今すぐお申込みください。後悔はさせません。

神田昌典（かんだ　まさのり）

経営コンサルタント・作家。日本最大級の読書会『リード・フォー・アクション』発起人。

上智大学外国語学部卒。ニューヨーク大学経済学修士、ペンシルバニア大学ウォートンスクール経営学修士。大学3年次に外交官試験合格、4年次より外務省経済部に勤務。戦略コンサルティング会社、米国家電メーカーの日本代表として活躍後、1998年、経営コンサルタントとして独立。コンサルティング業界を革新した顧客獲得実践会を創設（現在は「次世代ビジネス実践会」へと発展）。同会は、延べ2万人におよぶ経営者・起業家を指導する最大規模の経営者組織に発展、急成長企業の経営者、ベストセラー作家などを多数輩出した。

1998年に作家デビュー。分かりやすい切り口、語りかける文体で、従来のビジネス書の読者層を拡大し、実用書ブームを切り開いたため、出版界では「ビフォー神田昌典」「アフター神田昌典」と言われることも。

『GQ JAPAN』（2007年11月号）では、“日本のトップマーケター”に選出。

2012年、アマゾン年間ビジネス書売上ランキング第1位。

現在、ビジネス分野のみならず、教育界でも精力的な活動を行っている。また、株式会社ALMACREATIONS代表取締役、公益財団法人・日本生涯教育協議会の理事を務める。

著書に『全脳思考』（ダイヤモンド社）、『成功者の告白』（講談社）、『2022―これから10年、活躍できる人の条件』（PHPビジネス新書）、『あなたの会社が90日で儲かる！』『非常識な成功法則【新装版】』『口コミ伝染病』『不変のマーケティング』（以上、フォレスト出版）など多数。

◆神田昌典公式サイト　http://www.kandamasanori.com/

禁断のセールスコピーライティング

2014年5月24日　初版発行
2024年7月17日　6刷発行

著　者　神田昌典
発行者　太田　宏
発行所　フォレスト出版株式会社
〒162-0824 東京都新宿区揚場町2-18　白宝ビル7F
電話　03-5229-5750（営業）
03-5229-5757（編集）
URL　http://www.forestpub.co.jp

印刷・製本　日経印刷株式会社

ISBN978-4-89451-617-5　Printed in Japan